美國移民

綠卡樂透抽籤攻略大全

黃栢容 著

CHAPTER 0

★ ★ ★ ★ ★ ★ ★ ★ 緣起

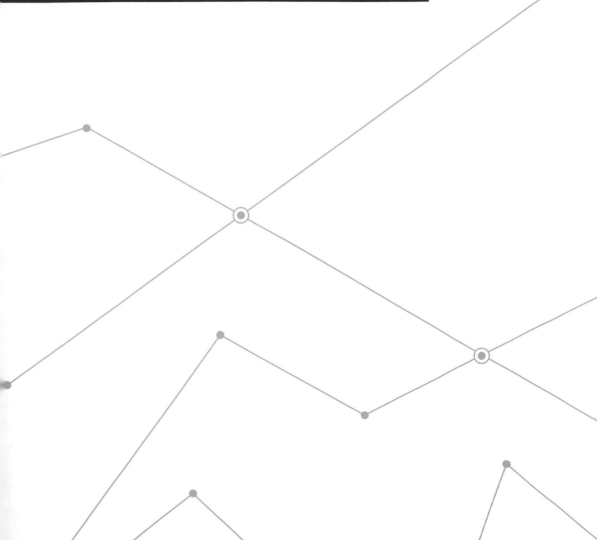

2017 年的 10 月底左右，筆者無意間得知，美國根據 1990 年由布希總統頒布的 Immigration Act of 1990（1990 移民法），提供一個多元綠卡移民簽證（Diversity Visa Lottery，一般簡稱 DV 或 DV Lottery、DV 樂透）的抽籤活動，凡是中籤者，就有機會以目前最低的成本（每個人大約台幣 2.5 - 3 萬元），取得全家移民美國的資格。每年從 10 月初開始為期一個月的時間，全世界想參加的人，透過網路登錄個人資料。完成登錄後，在隔年的 5 月分公布以電腦隨機方式抽出的幸運者名單。然後在同年的 10 月 1 日開始，至隔年的 9 月 30 日止，依照抽中時的案件編號（Case Number），在全世界各個地區的美國使領館開始面試。如果最終能通過面試，即能取得美國綠卡，並於 6 個月之內，移民美國。

筆者於 2017 年 10 月，參加了我的第一次抽籤，結果不出所料，「槓龜」。

2018 年再接再厲，又參加了第二次。這次老天爺眷顧，抽中了 DV2020AS00025xxx 號（DV2020 年移民的面試資格，AS 亞洲區第 25xxx 號）。在經過了漫長的等待、準備、與煎熬，終於在 2020 年的 9 月 28 日取得美國移民簽證。

為了對同樣也想透過樂透抽籤移民美國的朋友有所助益，筆者將這二年走過的整個流程，整理出來。希望能對讀者有所幫助，避免過程中的失誤，以達最終取得美國移民簽證的目的。

多元綠卡移民樂透

首先，何謂多元綠卡移民樂透（Diversity Visa Lottery）。簡稱 DV 樂透。

多元綠卡移民樂透，是由美國肯塔基州威廉堡的美國國務院肯塔基領事中心（The U.S. Department of state, Kentucky Consular Center（KCC）in Williamsburg）負責統籌運作與管理，這也是唯一一個負責該項事務的官方單位，一般就簡稱 KCC。

每年 KCC 依據 1990 年公布的移民法，提供 50,000-55,000 個移民簽證給透過抽籤方式選出的 80,000-100,000 名幸運兒，依照中籤時案件編號的大小順序參加面試與發放。

如果今年前 50,000 名中籤者全部通過面試，那麼從 50,001 名之後的中籤者，雖然抽中，但結果仍然是「零」，並無法取得美國的移民簽證。所以 DV 樂透的中籤者並不保證一定能取得美國的移民簽證。

不過，因為這前 5 萬名的中籤者，絕對不可能全數通過面試。原因很多，例如：一開始登記抽籤時提供的資料不完全、造假、使用了過期的照片、沒有按照 KCC 規定的程序提供所需要的資料、後續過程中提供的資料造假、面試時發現中籤者不符合最低的資格要求、中籤者在移民美國之後可能會造成美國政府的財政負擔、甚至也有人不知道自己被抽中沒有提交文件、或是個人因素最終放棄……等等等。所以每年都會抽出大於名額總數約 8 萬以

上的中籤者，以備遞補前面被拒簽或未出現面試的那些可用簽證（Visa）名額。

所以，中籤並不代表就一定能順利取得美國的移民簽證。這中間有著太多的「眉眉角角」要注意，以免不小心踩到雷而前功盡棄。而且，從每年 5 月分公布中籤者的名單，到真正能進入面試的時間，需要等待 5-16 個月。這也考驗著一個中籤者的意志力與耐力。以筆者個人為例，我是 2018 年 10 月上網登記，2019 年 5 月得知中籤結果，然後在 2020 年 9 月底才面試。整個過程長達二年。（註：2018 年 10 月上網登記抽籤，是抽 DV2020 移民的簽證，2019 年 10 月上網登記抽籤，是抽 DV2021 移民的簽證，2020 年 10 月上網登記抽籤，是抽 DV2022 移民的簽證）

有關多元樂透綠卡抽籤說明，可參閱美國在台協會 AIT 網頁：
https：//www.ait.org.tw/zhtw/visas-zh/immigrant-visas-zh/diversity-visa-program-zh/

DV 樂透過程時間表（以 DV2023 為例）
2021 年 10 月初 - 11 月初：開放網路登錄申請。為期約 1 個月。
2022 年 5 月初 - 2022.9.30：開放網路查詢中籤結果
如果幸運中籤，在 5 月之後，要準備一些申請人的資料，並線上填寫 DS-260 表。同時在 KCC 要求之後，遞交一些必要資料，然後等待 KCC 通知面試時間。
2022.10.1 – 2023.9.30：正式開始面試，為期 1 年。

▨ | 美國永久居民（綠卡） |

那究竟，有了美國永久居留權（俗稱綠卡身分）有什麼好處？

首先說明一點，永久居留權只是允許你以合法的身分居住在美國，也可以合法的在美國工作。但不表示你可以隨心所欲的進出美國，想來就來，想走就走。美國法律規定，持有綠卡身分的人還是算「外國人」（請注意，雖然擁有綠卡身分，但你對美國而言，還是「外國人」，你還是持有並使用原來母國（中華民國）的護照）。綠卡持有人必須每年在美國至少住滿 183 天以上，才能持續保有綠卡的身分。如果真的有事必須離開美國一年以上，也可以在離美前先申請「返美證」（Re-Entry Permit，I-131 表）也就是一般俗稱的「白皮書」。不過最長不能超過 2 年。也就是，如果第二次又離美長達 1 年，雖然離美時有第二次申請白皮書，但要返美時，就很有可能被美國海關直接取消綠卡資格並遣返。因為綠卡為美國永久居民證，你既然大部分時間都不住在美國，那就表示你不需要美國的永久居民證，這是很合理的做法。

所以，在你想要參加 DV 樂透抽籤前，你必須考量你目前的狀況，是否真的能在一旦幸運中籤並順利通過面試之後的六個月內赴美定居；每年至少居美 183 天以上並必須維持五年。你在台灣的工作，兒女在美國的就學、全家赴美之後的經濟來源等等，以及具有綠卡身分之後，你在全世界任何地區的資產都必須向美國政府申報；所產生的任何收入也要向美國政府報稅／繳稅（美國的稅制是屬人主義，與台灣略為不同）。這些都是必須事先想清楚並規劃好的。

不過，從登記參加 DV 樂透抽籤到真的順利取得居留簽證，時間長達一年半以上。所以可以有充分的時間來規劃並準備。即使在確定中籤之後也至少還有一年以上的時間可以想清楚與或開始規劃的行動。

如果在美國連續住滿 5 年以上，則可提出身分轉換的申請，申請轉換成美國公民。如果一切合於規定，並且對英文的聽說讀寫也具備一定程度的能力，就可以在通過公民考試之後，成為美國公民，並擁有美國護照。美國與台灣均承認雙重國籍，所以可以同時擁有美國護照與中華民國護照，這一切都是合於法律規定的。當轉換成美國護照身分之後，就沒有在美國居住時間的限制了，這一回你真的可以想來就來，想走就走，愛住多久就住多久，不再有必須住滿 183 天的限制了。

綠卡身分的好處

無需簽證進出美國：只要維持綠卡身分，進出美國無需再有美簽（Visa）。並可以無年限的在美國居住生活。

在美國工作：綠卡身分可以在美國從事任何工作。如果是學生，也可以合法的在校外打工（持 F1 簽證的國際學生，只能在校內打工）。

享受美國居民的學費減免：這一點是我個人認為最好的優點，也是我當初會參加 DV 樂透抽籤的主要原因之一。美國公立高中、大學對州內合法繳納稅款的居民，有所謂的「居民學費」（In-State Tuition Fee），比一般國際學生所繳交的「非居民學費」（Out-State Tuition Fee）相差好幾倍。單是大學四年，至少可節省 6-8 萬美元以上。

享受與美國人一樣的退休福利：但必須是在美國工作滿 10 年以上，並合法繳納稅款，在滿 62（或 65）歲以後退休。

另外其他還有：免簽證／落地簽證入境與美國有簽證豁免協議的國家。申請房屋貸款相對容易並享有較低的利率。幫親人申請綠卡居留等等。

而 DV 樂透綠卡還有一個好處，就是申請人一旦中籤之後，其配偶與未滿 21 歲的未婚子女，可以同時辦理美國的移民簽證。這也是相對成本最低、時間最快，取得美國永久居留的方法。

◼️◆ |附記|

常見的移民美國的方法（取得美國綠卡）

1. 親屬移民（總名額：226,000 ／年）

   申請人必須為美國公民或永久合法居民（綠卡），可以為其親屬申請綠卡移民。大致上又可細分為以下幾種，各類不同簽證的等待時間（稱為排期）也不盡相同（因為每年給出的簽證數量是有限制的。另外被申請者的原始母國國別也會影響等待的時間的長短）：

   IR：美國公民的配偶、未滿21歲的子女、父母（申請人需滿21歲）。

   排期：完全無限制的移民簽證，可隨時申請。

   F1：美國公民的未婚子女（滿 21 歲以上）

   排期：約 6 年 4 個月（名額：約 23,400 ／年）

   F2A：美國綠卡持有人的配偶、未滿 21 歲的未婚子女

   排期：目前無排期（立即可辦）（名額：約 87,934 ／年）

   F2B：美國綠卡持有人的已滿 21 歲的未婚子女

   排期：約 5 年 6 個月（名額：約 26,266 ／年）

   F3：美國公民的已婚子女

   排期：約 12 年 6 個月（名額：約 23,400 ／年）

   F4：美國公民的兄弟姊妹

   排期：約 14 年 3 個月（名額：約 65,000 ／年）

2. 工作移民（總名額：120,120 ／年）

3. 投資移民（總名額：9,940 ／年）

   EB5 在美國投資 90 萬美元，即可申請取得綠卡（全家成員）

   目前台灣的投資移民並無排期，可立即申請。

   （大陸的投資移民，排期約 5 年。因為大陸申請 EB5 的人，每
   年均超過國別的限額，所以就要慢慢的等待排期）

   註：上述排期時間每個月均會變化，請參閱美國國務院官網所
   公布的 Visa Bulletin。

4. 留學生移民（總名額：85,000 ／年）

   在美國讀書的留學生，畢業之後有 1 年（某些特別的科系為 3 年）
   的時間可以暫時留在美國找工作。若雇主願意提出工作簽（H1-
   B）申請，則可參加 H1-B 簽證的抽籤（因為每年申請的人數超
   過聯邦政府給出的簽證數量，所以要用抽籤的）。在期限內（1
   年或 3 年）抽中，即可取得綠卡居留權。

5. **樂透抽籤移民（總名額：50,000 ／年）**

CHAPTER 1

★ ★ ★ ★ ★ ★ ★ ★ ★ 準備

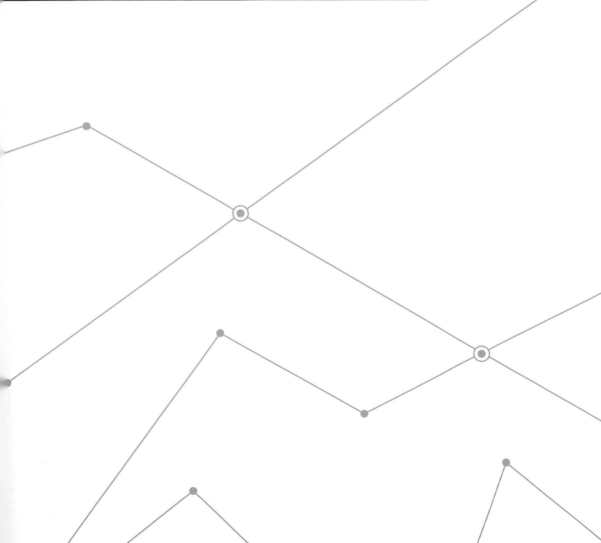

◼◆ |移民美國|

首先，必須確認自己是否符合參加抽籤的資格。並非任何一個地區的任何一個人，都有資格參加抽籤並順利合法移民美國。畢竟美國雖然立國的大原則並不排斥移民（川普先生除外），而且美國本身也是一個由移民所組成的聯邦。但也無法對所有想移民來美國的人來者不拒。

2016 年川普當選美國總統後，對移民政策更是多有怨言。川普總統在競選期間，就提出如果當選後，要在美國與墨西哥的邊境上，蓋一條長達 3200 公里的圍牆，來阻隔每年將近 40 萬從墨西哥偷渡來到美國的非法移民，總經費可能高達 80-100 億美元。

川普對美國移民的態度，一直以來就是反對的，無論是非法或合法的移民管道。

川普就任之後，曾揚言要大幅修改現行的美國移民政策。川普表示，想要移民美國的人，多半是為了領取美國優渥的社會福利而來，沒有特殊專長技術者，應限制其移民，建議改採「積分移民制」（目前加拿大、紐西蘭、澳洲皆是採用這種「積分移民制度」）。另外也應該取消非直系親屬與滿 21 歲以上的子女申請移民。更曾多次揚言要廢除 DV 樂透抽籤移民的政策。主要的原因是因為，美國近年來多起恐怖攻擊事件的主導人，都是透過 DV 樂透抽籤移民合法進入美國的。

還好前述的這些「揚言」目前並未完全立法成功。至少在今日（2019.10 月），DV2021 仍順利的被啟動。

不過,川普為了 2020 年的美國大選將近,在 2019.5 月提出了新版的移民政策改革。(川普的移民政策,雖然有超過 52% 的美國國民反對,但也有 46% 的人是支持川普的移民新政策)

2019.5.16,川普公布了他最新版本的移民政策,提交國會。

主要內容有:

菁英移民:美國的移民政策將大幅傾向擁有技術與專長的菁英分子,對那些想透過親屬移民來美國享受社會福利的移民者 say NO。透過評分機制建立新的移民政策。提高優秀國際留學生、高科技人才、專業技術人員的移民配額。有錢投資美國的人士也在受歡迎之列。

減少非菁英移民配額:難民與庇護配額將大幅減少。非核心成員的親屬移民配額也將大幅削減,甚至取消。(核心成員親屬是指配偶與子女。非核心成員是指父母、兄弟姐妹等)

移民評分制度:申請綠卡者要先通過語言考試,再就其年齡、英語能力、學歷、就業前景、工作能力、是否投資美國等條件評分。

新移民不得享有社會福利:福利救濟、糧食券、公共住房補助、低收入戶醫療補助等等

取消 DV 樂透抽籤:行之有年的 DV 樂透移民也在川普厭惡之列。

川普的新移民政策,評價二極。贊成的人毫無異議,反對的人認為違憲,所以在國會仍將有一番攻防戰。

2019.8.13,川普以行政命令的方式繞過美國國會,再次限縮境外移民的管道。凡是移民者來到美國之後,有可能造成美國政府的「公共負擔」(Public Charge)的人,一律不發給移民簽證;若已擁有美國永久居民(綠卡)身分者,在過去的 36 個月之中,曾經使用

過美國政府的社會福利政策達 12 次／月以上者，例如：福利救濟、糧食券、公共住房補助、低收入戶醫療補助等等，將在 5 年之後申請轉換身分為美國公民時被拒絕。

其實移民不得成為美國政府「公共負擔」的規定，一直都存在。只是在過往各類的移民面試審核中，並沒有做為第一考量的因素。依據美國移民審查的現行規定，欲申請移民者，必須找到一位美國公民或永久居民（綠卡持有人）做為財務保證人，提供申請移民者在到達美國 10 年內的經濟支持。該保證人的年收入必須達到美國聯邦貧窮收入線至少 125% 以上。並以總負擔人口計算。（詳細說明本書後面會再敘述）

2019.10.4，川普再次以行政命令的方式公告新的移民簽證規定，移民申請人必須在進入美國之後，在 30 天內購買醫療保險並出具購買文件證明；或證明自己具備支付「合理可預知的醫療成本」的財力。否則將無法取得實體綠卡而被迫出境。也就是新移民必須證明自己有能力，並不會成為美國醫療系統的負擔。

目前，真的被付諸實行的，只有 2019.8.13 與 2019.10.4 這二份行政命令。而前面所提到有關川普所提出的移民新政策，那些是還要經過美國國會通過後才能實現的。2020 年，川普如果再次當選，這些政策可能就勢在必行；但若川普連任失敗，會有什麼新的變化，則不可知了。就讓我們拭目以待。

ⓞ 後記補充（2019.11.3）：

關於 2019.10.4 所發布醫療保險要求，在該命令正式施行的前一天 2019.11.3，被一位美國聯邦法官判決暫停執行。所以目前尚未真正實施。

ⓞ 後記補充（2020.1.27）：

由於之前的行政命令被美國聯邦法院判停，川普總統改以總統行政命令的方式，對意圖移民者「公共負擔」的隱憂定義做了嚴格的規範。並宣佈自 2020.2.24 起，所有意圖移民（或以非移民簽證試圖進入美國）的申請人，都必須受到新規範的檢驗。也就是不能成為美國政府的 Public Charge（公共負擔）。美國海外的各地使領館在做最後簽證面試時，申請人必須證明自己不會成為美國政府的「公共負擔」，否則將無法取得簽證。

所以最後繞了一圈，川普的移民政策還是付諸執行了。從 2020.2.24 開始，申請美國移民簽證的人，都必須再加填一份 I-944 表格。

（後記補充：2021.3.9，I-944 表的規定已被拜登政府取消。）

看了前面的敘述，也許你會覺得，既然美國這麼不歡迎外來移民，我幹麼還要去移民？其實，事實上應該是說，美國一般人是確實不喜歡會造成美國負擔或社會問題的移民。問題是，如何去分辨這些可能會造成社會問題的移民呢？

以筆者個人的看法是，我還是一樣參加我的 DV 樂透抽籤。

如果老天爺眷顧我，讓我幸運抽中了；而我也幸運通過了 AIT（美

國在台協會）的面試，那我就勇敢的面對新的挑戰；在美洲新大陸重新開始生活。如果沒能中籤，或是面試失敗，那我依然按照原本的生活，繼續步調，不忮不求。生活，不就是本該是如此嗎。

了解了目前美國移民政策的方向之後，如果你還是決定參加 DV 樂透抽籤試一試自己的手氣，那就請繼續看下去。

▓ |DV 綠卡樂透抽籤|

DV 綠卡樂透抽籤移民美國，無疑是現行移民美國的各種管道中，門檻最低的一個。包含資格門檻與費用門檻都是最低的一個。

參加 DV 樂透抽籤的主要條件資格，只有簡單的二個：
1. 出生地：你必須在 DV 樂透所許可的某些國家出生
2. 學歷／工作經歷：你必須至少具備高中畢業的學歷，「或」在過去五年之中至少從事 DV 官方認可的工作類別二年以上

第 1. 與第 2. 這二個條件是必須同時滿足的。而第 2. 點內容的「學歷／工作經歷」則是「或」的要求，學歷或工作經歷滿足其中一項即可。

舉例說明：

    滿足「出生地」+「高中學歷」   →符合資格
    滿足「出生地」+「工作經歷」   →符合資格
    滿足「高中學歷」+「工作經歷」   →不符合資格
    只滿足「出生地」   →不符合資格
    只滿足「高中學歷」   →不符合資格
    只滿足「工作經歷」   →不符合資格

另外，以下二個要求是筆者附加的，
有一本仍在有效期限內的護照
如果中籤，在面試之前必須完成 12 年的基本教育，也就是高中畢業。換言之，目前還在就讀高三的子女也是可以參加的。

25

首先,最重要的條件資格是出生地。

DV 官方規定的,可參加 DV 樂透抽籤的出生地有很多國家,但不是所有的地區都符合。

以亞洲為例,台灣、香港、澳門、印尼、伊朗、伊拉克、日本、馬來西亞、尼泊爾、北韓、沙烏地阿拉伯、新加坡、泰國、葉門……等。這些地區出生並擁有證明文件者,均可參加 DV 樂透抽籤。(以DV2021 為準)

(後記補充:DV2022 的參加地,已將香港排除了,不過澳門則仍然可以)

在亞洲地區,有一些地區出生的人,是被排除在 DV 樂透抽籤之外的。例如:中國大陸、孟加拉、印度、巴基斯坦、南韓、菲律賓、越南。以 DV2021 為例,亞洲這 7 個地區出生的人是沒有資格參加DV 樂透抽籤的。

如果你想要查閱各洲完整的出生地國家資格名單,可以進入美國國務院領事事務局的官方網站查詢。網站上有提供 .pdf 的檔案。

有一點要注意的是,這個合格參加名單並非永遠不變的,有時候在隔年,會有新加入或新取消的變化。所以參加之前可以先上美國國務院的官網再確認一次。方法如下:

http:∕∕travel.state.gov →美國國務院領事事務局官方網站

點選:U.S. Visas

點選:immigrate

點選:Diversity Visa Program - Entry

在網頁的說明文字中,有一個可以點選的連結「DV Instructions」

點進去就可以看到當年度的 DV 樂透抽籤說明。

說明文字中有一個 DV-2022 Program Instructions.pdf 的鏈結,

可以下載下來，裡面會有當年度 DV 樂透抽籤詳細的各項說明。

通常在第 1 頁中，就會看到資格要求的說明。

其中有一個 countries whose natives qualify

點進去就可以看到當年度全部合於抽籤資格的地區國家。

DV 抽籤是把全球分為六個洲各別來處理，有：非洲、亞洲、歐洲、北美洲、中南美洲與大洋洲。

另一個條件資格是學歷。DV 樂透抽籤要求的是，必需完成 12 年的基本中學教育。為了能有統一的標準，他們是以，是否能進入美國大學做為衡量的基準。也就是說，你在台灣完成的高中教育，可以申請美國大學入學，就是合於標準的高中畢業者。以台灣的學制來說，只要是高中畢業（普通高中、高職、高工均可）即可符合資格要求。不過高中同等學歷則是不符合規定的。也許有人會覺得難道有國家高中畢業後不能申請美國的大學嗎？是的，有的，英國完成高中的學業是 11 年級，他們就無法參加 DV 樂透抽籤（他們必須再完成 2 年的 A level 才可以）。

如果你無法滿足「高中畢業」的這個條件，那就再考慮是否能滿足「工作經歷」的條件了。（相對來說，「工作經歷」這個條件對一般人而言，比較不容易達到要求的標準）

根據 Travel.State.Gov（美國國務院領事事務局 U.S. Department of State – Bureau of Consular Affairs）的規定，工作經歷的要求標準是：在從申請 DV 樂透抽籤登記日期起算，過往的 5 年之中，曾經從事「被認可的某類型工作」二年以上，而這個工作必須要有至少 2 年的相關訓練或經驗才可以勝任的。

那什麼是「被認可的某類型工作」？答案是：必須滿足美國勞工部（U.S. Department of Labor's）的 O*Net online 資料庫中所定義的職位標準，「第 4 區或第 5 區」（Zone 4 or 5）的職務內容，同時 SVP 等級為 7.0 以上。

（SVP，Specific Vocational Preparation：職業類別的準備等級。就是要勝任這個工作，需要多久時間的學習、訓練、熟悉。數字愈大代表級別愈高，也就是事前的學習、訓練、熟悉時間愈長。SVP>=7.0 的要求就是前文中所說的：必須要有至少 2 年的相關訓練或經驗才可以勝任的）。

下面我們舉二個實際的職位來說明查詢結果：（會計與出納）

先進入 O*Net 網站：https：//www.onetonline.org/

在「Keyword or O*NET-SOC Code」的欄位中輸入你職務名稱的英文，或是最接近的名稱。例如：輸入 accountant（會計），然後查詢。

接下來，選擇一個最符合你職務名稱的單項，假設選擇「Accountants」

就會看到此職位的詳細描述。然後將網頁向下捲動，找到「Job Zone」

就可以看到：

    Title：Job Zone Four

    SVP Range：（7.0 to < 8.0）

那麼，會計的工作就是符合所謂「被認可的某類型工作」。

（第 4 區或第 5 區」（Zone 4 or 5）的職務內容，同時 SVP 等級為 7.0 以上）

我們再試另一個職務，Cashier（出納）

同樣的操作程序後，會看到：

　　Title：Job Zone Two

　　SVP Range：（4.0 to < 6.0）

出納工作屬於第 2 區，SVP 在 4-6 之間。

那麼，出納的工作就不符合所謂「被認可的某類型工作」。

所以，參加 DV 樂透抽籤的門檻並不高。出生在台灣，高中畢業，只要滿足這二個條件，就有資格參加了。

不過要強調一點是，DV 樂透抽籤要求的是「出生地」，不是申請人的國籍，不是申請人現在所持有的護照國別，也不是申請人現在的居住國。就是很單純的，「你在哪裡出生的」。因為，一個人只可能有一個出生地，但可能擁有多個國籍身分。為了公平起見，每個人只能以一個身分申請一個抽籤的機會，所以 DV 要求的是「出生地」。

另外有二個特例，雖然欲申請的當事人出生地不是台灣，但其父母或配偶的出生地是台灣，這種情況也是符合條件資格的。

換一種比較嚴謹的說法應該是：申請人的出生地不是 DV 樂透符合資格的國別地區，但其父母或配偶的出生地是 DV 樂透中符合資格的國別地區，在這種情況下，也是可以參加 DV 樂透抽籤的。（詳細條件於「常見問題」中再說明）

最後一個問題是，托福 TOEFL 或雅思 IELTS 也是要具備的附加條件嗎？如果參加 DV 樂透抽籤，幸運被抽中後，在 AIT（美國

在台協會）面試時，是否要使用英文回答或提交 TOEFL、IELTS 成績單？

DV 樂透移民是沒有語言能力要求的，也不需要提交 TOEFL 或 IELTS 成績。AIT 的移民官都會講中文，當然也可以使用中文面試。只是一旦順利取得移民簽證到了美國之後，基本的英語能力還是必要的。同時如果你住滿 5 年，也可以申請入籍美國，屆時的入籍考試，就必須具備基本的英語能力才能過關。入籍考試包含了聽、說、讀、寫四個基本能力的測試。所以，具備基礎的英語能力，會對你日後的移民生活助益不少；但沒有英語的能力，也是一樣能通過 DV 移民面試的（當然前題是其他所有的過程都 pass）。移民官是不會把語言能力列入是否核發簽證考量的。

常見問題

Q.我是出生在台灣，但我的出生證明不見了，我可以參加嗎？

A.可以。參加抽籤登錄並不需要出生證明，登錄抽籤時只需要一本還在有效期限內的合法護照。護照上有你的出生地資料。如果真的抽中了，再去戶政事務所申請一份當初辦理戶籍登記時所提供的「出生證明影本」。也可以申請一份「原始的個人戶籍謄本」，上面都會記載出生地點。只要出生地是在台灣境內，就符合資格。

Q.我出生在菲律賓，我的父母親出生在台灣。但我目前持有中華民國的護照，也住在台灣。我可否申請 DV 樂透抽籤？

A.**可能可以。**目前出生地在菲律賓是不符合 DV 樂透抽籤資格的。但因為你父母親之一是出生在符合 DV 樂透抽籤資格的地區 - 台灣，你可以以父母親的合格出生地來參加。但是必須滿足一個條件：**當初你的父母親是因為工作、旅遊、求學等其他原因，「短期停留」在菲律賓的期間時，生下了你。你也必須提出相關的證明文件來佐證前述內容。**在這個條件下，可以參加 DV 樂透抽籤。至於你是否持有中華民國護照，則不在考量的範圍內。

Q.我出生在中國大陸，但我的配偶是出生在台灣，我可否參加 DV 樂透抽籤？

A.可以。目前出生地在中國大陸是不符合 DV 樂透抽籤資格的。

但你可以以配偶合格的出生地資格來參加 DV 樂透抽籤。不過必須注意，你們必須是「合法夫妻」，有台灣的結婚證書，並完成登記的夫妻。如果只是同居在一起，即便也有子女，但仍不算「合法夫妻」。

Q.為什麼有一些國家出生的人，不符合 DV 樂透抽籤的資格？

A.根據美國移民法的規定，DV 樂透抽籤是提供給那些低移民美國的國家人民，一個簡便快速且低成本的移民管道。另外有一些國家，每年移民美國的人數已達 50,000 萬人，這個數字也是美國移民局對單一國家每年准許移民美國的人數上限。也就是說，這些國家每年透過其他移民管道（例如：親屬、工作、留學生、投資等方式），移民來美的人數已達上限（單一國家每年最多就是開放 50,000 人移民來美），所以沒有多餘的額度再給他們透過 DV 樂透抽籤的方式申請移民。這也是為什麼，現在中國大陸要透過投資移民美國，必須等排期 5,6 年的時間。而台灣透過投資移民美國則無等待期的原因。

Q.那 DV 樂透抽籤有沒有單一國家的額度限制？

A.有的。**DV 樂透的規定是，單一國家的移民簽證核發總數，不得超過當年 DV 簽證總額度的** 7%。舉例來說，DV 樂透 Visa 總額度是每年 50,000 個名額，7% 就是 3,500。也就是透過 DV 的方式取得移民美國，每一年單一國家不得超過 3,500 人。以亞洲為例，尼泊爾與伊朗，每年有 90 萬以上的人參加 DV 樂透抽籤，自然被抽到的人數也相對不少。如果今年尼泊爾中籤的人數是 5,000 人，但因為單一國家的限額是 7%=3,500 人，所以假設尼泊爾的中籤者，號碼排在前面的 3,500 人全數通過面試，那

第 3,501 號之後的尼泊爾中籤者是無法有面試機會的。也就是說被自然拒簽。但別的國家則繼續向後面號碼的中籤者推進。所以每一年都可以看到，雖然有些尼泊爾的中籤者案件編號（Case Number）較小，其他國家的中籤者編號較大，但尼泊爾的中籤者已被自然停止面試，等同拒簽。

Q.那我的中籤率有多高？

A.大約在千分之 4-5 之間。5/1000 = 1/200。所以有人說，機率是每 200 年才會中籤一次。不過統一發票的中獎率大約也是千分之 4-5。換言之，DV 樂透與統一發票的中獎率相近。因此有人說，你每個月都有中過統一發票的經驗吧，那中 DV 樂透跟你中統一發票一樣的。其實，這個說法是忽略了「發票總數」的觀念。每一張發票的中獎機率是 1/200，但你手中有 100 張發票，那你這個月的中獎機率就提高至 100/200，也就是 1/2 了。如果要將統一發票與 DV 樂透的中獎機率相比較，那比較正確的說法是：這個月你的手上只有一張發票，而這張發票的中獎機率就跟你抽中 DV 樂透的機率是差不多的。

所以到底抽中 DV 樂透難不難，真的不好說。但肯定是比中大樂透、威力彩要容易多了。近幾年每年參加 DV 樂透抽籤的總人數，大約在 1,300-1,500 萬左右，假設從其中抽出 50,000 人，那中籤率就是 5/1400 = 0.0036（千分之 3.6）

Q.前面不是提到，每年會抽出 80,000-100,000 的中籤者來爭取 50,000-55,000 個 DV 的移民簽證。為什麼前一題會說只抽 50,000 個。

A.這個問題就比較複雜了。

首先要說明，DV 樂透是允許家庭核心親屬共同移民的簽證。所謂的核心親屬，指的是配偶與未滿 21 歲的未婚子女。舉例來說，筆者登錄參加 DV 樂透抽籤，在我線上填寫抽籤的個人資料同時，會帶入我的配偶與子女的資料（我已婚，並有 2 個小孩）。所以我的這份 DV 樂透籤單，如果幸運被抽中，是會從那 50,000 個額度中使用掉 4 個額度（因為我是一家 4 口人同時移民）。一人中籤雞犬同行。

雖然各個地區各個國家，參與者的核心親屬人數不一定，但平均大約是 1.6-2.0 之間。也就是說，一個被抽中的 DV 參加者，平均會從 50,000 個名額中消耗 1.6-2.0 個名額。那依照這個說法，發出 50,000 名額，只須抽出 25,000-31,250 中籤者即可了。是的，沒錯，這是數學。但實際的情況，並不是所有中籤者都能順利通過面試；而且這個失敗率還不低的。尤其是非洲與亞洲的某些國家，參與者為了提高中籤的機會，會以各種不同的方法作弊，企圖提高被抽中的機會。這些人在面對美國移民官面試時，大部分會被發現並拒簽（當然也有人順利過關的，不然不會每年都有愈來愈多的人繼續作弊）。以台灣地區為例，DV2019 的通過率約為 80% 左右。我相信台灣被拒簽的人應該不是因為作弊造假，但都還有 20% 的人沒能順利通過面試。那其他樂於作弊造假的那些國家，他們的拒簽率達到 30%-40% 也不足為奇了。所以每年 KCC 雖然有 50,000 個 DV 的移民名額可以發放使用，但他們往往會多抽出一些中籤者，以填補那些被拒簽者所留下的空額。以 DV2020 年為例，KCC 從 1,472 萬的合格參加者實際抽出來的 Selectee 人數為 83,884 人（這個數字是包含同時移民的家庭核心成員數字）。如果 DV2020 的眷口數仍是 1.6-2.0，那真實被抽到的主參加者應該是 41,942-52,427 人。為了簡單化，

一般都是說，抽出 50,000 個中籤者，但實際上的 Selectee（包含眷屬）應是 80,000-100,000。

Q.那到底每年 DV 樂透能核發的移民簽證總數是多少？為什麼說是 50,000-55,000 呢？不是說只 50,000 個嗎？

A.這個問題留到後面章節再做說明。

Q.我目前還是高三學生，我可以參加抽籤嗎？

A.可以。DV 樂透抽籤並無最低年齡的限制，但是必須符合前述「出生地」與「學歷／工作經歷」的基本要求。每一個新的年度，DV 樂透開始面試的時間是 10 月 1 日。在這之前，你如果能完成高中學業並取得畢業證書，同時也幸運被抽中，那就可以參加面試。所以倒推回來，應該是在前一年的 10 月參加 DV 樂透抽籤，也就是你高三上學期的 10 月分參加 DV 樂透抽籤登記。KCC 的要求是，當你在「面試的那一天」，必須滿足 DV 樂透的參加身分要求（完成高中畢業或特定工作 2 年經歷）。你在參加 DV 樂透抽籤登記的時候則無限制。不過國外曾有案例，參加者在高二時就登錄 DV 樂透抽籤，也幸運被抽到；安排面試的時間是在隔年的 3 月，但該中籤者 3 月去面試時，尚未完成高中學歷（雖然他說 6 月分就可以拿到畢業證書了），結果就是被 Refused，並且沒有任何可以補救的機會。

其實這個 case，是可以透過遞延 DS-260 或 Documents Required 的方式（本書後文中會介紹），讓他的面試時間延到 6 月之後（最晚是 9 月 30 之前）。但這位當事人不熟悉 DV 樂透的作業，平白損失了這 200 年才會被抽中一次的機會。

Q.我大學畢業，也取得正式學位證書，但我高中沒完成畢業，請問我可以參加嗎？

A.這是一個沒有標準答案的問題，要視面試移民官的自由心證。因為 KCC 的 DV 樂透參與資格，只詳細載明高中畢業的各種條件與情況，並沒有提及沒有高中畢業證書，但有更高學位的證書者是否符合資格。我在本書前文中曾經提及這一段文字：

「DV 樂透抽籤要求的是，必需完成 12 年的基本中學教育。為了能有統一的標準，他們是以是否能進美國的大學做為衡量基礎。也就是說，你在台灣完成的教育，可以申請美國大學，就是合於標準的高中畢業者。」

文意是指，如果你取得的台灣高中畢業證書，可以申請美國大學，那就表示你的高中畢業學歷是符合要求的。但邏輯上，可以進入大學並不一定表示你已完成高中學歷。如果你沒有完成高中學歷 12 年，你就不符合 DV 樂透抽籤的資格。

DV 樂透抽籤的資格要求是「完成 12 年高中畢業」，至於你有沒有大學學歷，並不在考量之內。

筆者個人的建議，是仍然可以參加，如果每 200 年才有一次抽中的幸運降臨，再去考慮怎麼調整自己的學歷證明。

Q.有人說職業學校不可以參加申請，我是高職畢業生（也有畢業證書），請問我可以參加 DV 樂透抽籤嗎

A.可以的。**高職也是完成正規的 12 年教育，是符合資格的**。這一點是不用質疑的，筆者就認識以台灣高職畢業證書參加 DV 樂透，最終並順利取得移民簽證的朋友。

但像勞工局辦理的技職訓練班，就是不符合規定要求的。

Q.我只想幫子女取得美國永久居民（綠卡身分），是否可以我在抽到之後，只讓核心家屬辦理移民簽證。

A.可以。但是並非是「只讓核心家屬辦理移民簽證」這樣的。

首先說明，只有配偶與未滿 21 歲的未婚子女可以做為主申請人的家屬同時辦理 DV 移民簽證。主申請人在網路填寫 DV 抽籤申請書時，必須將配偶與未滿 21 歲未婚子女的個人資料一併輸入建檔。隔年 5 月公布抽籤結果時，只能以主申請人的資料去查詢。如果幸運被抽中，會有一個案件編號（Case Number），這是非常重要的一組文數字，主申請人與其家屬共同享有同一組案件編號。當年 10 月分開始依照案件編號的大小排號面試。如果順利通過面試，全家人可同時取得移民簽證。不過，家屬的部分，是必須依附在主申請人之下的。舉例來說，可能會有以下幾種結果：

主申請人拒簽，那所有家屬（配偶、子女）將全部被拒簽

主申請人通過，所有家屬（配偶、子女）也全部通過

主申請人通過，部分家屬通過，部分家屬被拒簽

（家屬一切均依附在中籤的主申請人之下）

取得移民簽證後，主申請人必須先進入美國國境（夏威夷或關島也算），提出相關的證明文件，正式啟動 AIT 所核發的移民簽證。然後家屬才能跟隨啟動。當然，全家人可同時入境，同時啟動。但一定要主申請人早於家屬啟動。換言之，在主申請人未入境美國之前，依附的家屬是不能先行入境美國的。

入境美國後，約一個月內可以收到正式的永久居民證（綠卡）與 SSN（社會安全卡）。此時，家屬與主申請人的依附關係就結束了。也就是，全家人是各自獨立的個體了。如果此時主申

請人回台灣，並未再入境美國，很可能一年之後，綠卡就失效了，下次入境美國時，有可能會被海關取消綠卡身分。但留在美國生活的家屬並不受影響，因為他們已經是獨立的個體，與主申請人是否還維持綠卡身分無關了。他們可以繼續在美國待滿 5 年並申請身分轉換入籍美國。

Q. 參加 DV 樂透抽籤移民美國，是不是就表示有了「移民意圖」？日後申請美國的非移民簽證（留學、商務、旅遊、就醫……）是否會受到影響？

A. 不是。不會。

參加 DV 樂透抽籤不代表有「移民意圖」。

被抽中之後，仍不表示主申請人有「移民意圖」。

直到申請人填寫並遞交 DS-260 移民申請表之後，才開始有了「移民意圖」。而且是全家人都有了「移民意圖」。這一部分，本書後段的章節中會再詳述。

Q. 我是否需要找一位移民律師來幫我處理這些事項？

A. 不需要。一般移民律師較少接觸到 DV 樂透移民，而且 DV 樂透移民與一般投資／親屬／工作移民不同，它的作業地點基本上都是在申請人的母國（台灣），往來文件也只需透過 E-mail 就可完成，相較前述的投資／親屬／工作移民，其間的過程要簡單很多。所以完全不需要移民律師。

在了解 DV 樂透抽籤的狀況後，你是否決定試一試自己的手氣，
準備開始登錄 DV 樂透綠卡抽籤了，與全球 1400 萬來自各地的參
加者，一同爭取那 5 萬個幸運兒的機會。

那～讓我們繼續走下去……

CHAPTER 2

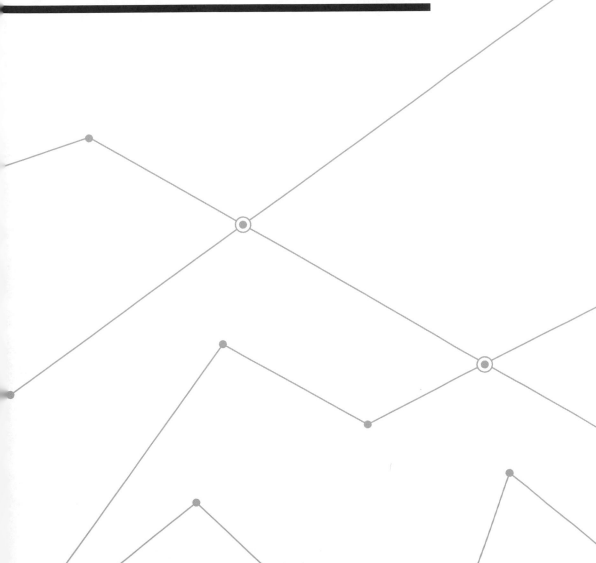

|DV 樂透抽籤移民所需費用|

首先說明參加 DV 樂透抽籤到成功被抽中，然後移民美國，這整個過程中需要哪些費用？

登錄抽籤：免費

幸運抽中：免費

提交所需文件（DS-260 表）：免費

提交資格證明文件：免費

至規定醫院體檢與注射疫苗：

體檢費用：NT6,000／每 1 成人（15 歲以上），
　　　　　　NT2,800／每 1 小孩（15 歲以下）

疫苗注射：NT3,000 ～ 5,000／每人

參加 AIT 面試：現場繳交 US$ 330／每人

取得移民簽證：免費（前面 US$ 330 已包含了）

搭機飛往美國：自費自理

入境美國啟動綠卡：US$ 220／每人

從上表可以看出，如果抽中 DV 樂透並順利取得移民簽證後至美國入境，每個人的成本費用約台幣 28,000-30,000。這也是所有美國移民簽證中最低的了。

此外，要注意的是，從線上登錄參加 DV 樂透，幸運中籤，然後排號參加 AIT 的面試之前，除了面試前的體檢外，是沒有任何一項過程需要繳費的。只有在你的案件編號排號完成，可以正式面

試時，在到達 AIT 之後再現場繳交 US$ 330（每人）的面試費用。
不過萬一面試沒有通過，這個費用是不會退回的。

坊間有一些代辦公司，以類似網站內容，讓你以為是美國國務院
的官方網站，而上網登記並繳費參加。這些其實是不需要的。

**你毋須擔心自己的英文程度不夠好，無法自行上網登錄。只要你
已高中畢業，筆者百分之百肯定：你的英文程度完成登錄一定綽
綽有餘。再依照本書所有的登錄內容說明，絕對可以在 20 分鐘內
完成的。**

|DV 樂透時程表|

開放登錄時間：每年 10 月 4 日左右～ 11 月初（為期大約 32-34 天）
公布抽籤結果：次年 5 月 7 日左右開放網路查詢，一直到隔年的 9 月 30 日。
開始面試時間：次年 10 月 1 日起，至隔年 9 月 30 日止。

我們假設以 2021 年 10 月登錄的 DV2023 為例說明。
2021 年 10 月開放登錄的 DV 樂透抽籤，代號是「DV2023」。也就是大多數人是在 2023 年才能真正移民入境美國。
開放登錄時間：
2021.10.2 美東夏令時間 12：00pm ～
2021.11.5 美東標準時間 12：00pm
換算成台灣時間：
2021.10.3 台北時間 00：00am ～ 2021.11.6 台北時間 01：00am
（註：美國仍有施行夏令日光節約時間，在每年 3 月的第 2 個星期天開始到 11 月第一個星期天為止，這段日期內，把時鐘調快 1 小時，以充分利用有日照的白天時間，節約能源。台灣其實在民國 69 年之前，也曾施行過一段時間。50 歲以上的朋友，應該還有印象吧。）
公布抽籤結果：2022.5 月初～ 2022.9.30
開始面試時間：2022.10.1 ～ 2023.9.30

每一年在開放登記的前面幾天，由於全世界擁入大量的登錄者，都必定會造成 KCC 的電腦當機，或嚴重塞車。一直到差不多 7-10 天之後，網路才會慢慢恢復正常。

所以建議想參與的朋友。不要急著搶頭香登錄，反而會因為塞車與當機，要不斷重新輸入相同的資料，造成自己不必要的煩躁。

大概在 10/15 之後再開始上網去登錄，保證輕鬆自在，一切順利。

抽籤是以電腦隨機處理的，先登錄與後登錄，最終被抽中的機率是一樣的。

隔年 5 月開放查詢抽籤結果時，同樣的場景會再上演一次。在一開始的 1 週內，KCC 的主機幾乎是癱瘓的，很難能查的到結果。也差不多要等 7-10 天之後，才能恢復正常。

登錄前必須準備的資料

1. 主申請人有效日期內的護照、居住地址（英文）、手機號碼、E-mail

2. 有資格陪同移民的家人資料（最好也能有護照，上面的資料最準確）

   需要：姓名英文拼音、出生日期、出生地（英文）

   （對於尚未領有護照的小朋友，筆者建議是先去辦一本護照，再開始登錄）

3. 前述家人近六個月的大頭照

4. 一台可上網的電腦（最好能接印表機）

第一步，如果你做為主申請人（Principal Applicant），你必須列出，如果你幸運抽中 DV 樂透之後，「所有有資格」與你一起移民美國的家人名單；而不是「有意願」與你一起移民美國的家人名單。

這一點非常、非常、非常重要，再強調一次：是「所有有資格」的，而非「有意願」的家人名單。

有資格也有意願移民的家人：抽籤登錄時要填入資料。

　　　　　　　　　　　　　　抽中後要遞交 DS-260 表與個人所需文件，面試成功後移民美國。

有資格但無意願移民的家人：抽籤登錄時要填入資料。

　　　　　　　　　　　　　　抽中後要毋需遞交 DS-260 表，不會被安排面試。

如果你在 10 月分的電腦登錄 DV 樂透抽籤時,沒有將「所有有資格」與你一起移民的家人填入登錄表中。在隔年 10 月,即使你幸運抽中,也會被判「失格」(Disqualification)。不只你的家人,連你本人也會被 AIT 拒絕簽發移民簽證(Refused)。這一點請務必注意。因為未完整登錄家人的資料,在美國人的立場來看是「說謊、造假」,這一點是絕對會被判失格的。

那麼,哪些家人是有資格的?以下說明:
配偶:領有官方(或正式)的結婚證書的合法配偶,年齡不限。
同性婚姻也可以。不過必須要有官方的合法證明(法院證書)。
子女:在你登錄抽籤時,所有符合下列資格且未滿 21 歲的未婚子女。
前次婚姻中的婚生子女。
目前婚姻中的婚生子女。
目前婚姻中,配偶前次婚姻的婚生子女。(你是他們的繼父母)
認領的非婚生子女(你是養父母)
收養/領養的非親生子女,並已滿二年。

重點整理:首先,主申請人的合法配偶,主申請人未滿 21 歲的未婚子女(是否同住一起無關),皆為有資格者。
這裡會有一種比較特殊的情況,就是主申請人曾經離過婚,並在前次婚姻中有婚生子女,但是離婚之後該子女隨同前任配偶共同生活,現在已無聯絡,無法取得該子女的目前資料(照片、護照資料)。這種情形下,該主申請人是不建議參加 DV 樂透抽籤的。因為無法列出「所有有資格」一起移民的家人資料。即使完成 DV 樂透抽籤的登記(登錄時並不會審核相關子女的資料),但在抽

中參加面試時，將會被判失格（不要心存僥倖，這是一定會被Refused的），而所繳交的體檢費與面試費也不會退還。

與前面類似的另一種情形，是夫妻分居。依據美國領事事務局的規定，「合法分居」的夫妻可以視同離婚狀態，主申請人在填寫抽籤登記時，可以不列入配偶資料（也就是如果抽中後，分居／離婚配偶是沒有資格一起移民美國的）。前述的「合法分居」必須要有官方文件證明。不過目前以台灣的狀況來說，我們的民法親屬篇第二章有關婚姻的各章節中，並無關於「分居」之規定。換言之，所謂的「合法分居」在台灣現況是不存在的。也就是說，如果你現在與你的配偶處於分居狀況，又無法取得配偶的個人資料（護照、照片），那一樣不建議參加 DV 樂透抽籤。因為與前述情形一樣，面試時將會被判失格，Refused。

引申來說，就是你必須與所有有資格與你一起移民的那些家人們有聯絡，並能取得他們的個人資料（護照、照片），你才去上網登錄參加 DV 樂透抽籤。

另外還有一點說明，主申請人有共同居住的婚生子女，但已滿 21 歲。這類子女因為已經不是「有資格陪同移民」的家人，所以不用列在登錄表上。

第二步，最好能取得所有有資格陪同移民的家人的護照，因為有一些資料必須與護照上載明的一致，例如：姓名的英文拼音，出生地的英文等。雖然在登錄時不一定要有護照，但有的話會方便很多，也比較可以確定內容不會有誤植。

第三步，主申請人居住的地址，但必須翻譯成英文。

如果是台灣的地址，可以上「中華郵政全球資訊網」，輸入中文

地址之後就可以自動翻譯成英文地址。該網頁地址是：

https：//www.post.gov.tw/post/internet/Postal/index.jsp?ID=207

第四步，**拍一張大頭照。這是非常重要的一個環節。大頭照的要求「一定必須是六個月內照的」。絕對不要、絕對不要、絕對不要用舊的照片，**尤其是曾經在美國移民局申請過各類美簽（VISA）或 ESTA 的照片。

以往 DV 樂透對參加者的照片，雖然有規定必須是六個月內的近照，但實際在面試時，很多國家的移民官並未對照片這一項嚴格審查。也就是很多人雖然用了之前申請過美簽的舊照片，但仍然通過了面試並順利取得移民簽證。不過就側面的了解，台灣的 AIT 對申請人的照片審查非常嚴格。過往有過多次案例，只因用了之前的舊照（美國移民局電腦中有存檔的），就直接被 Refused。真的很可惜，並且完全無解，就只能摸摸鼻子認栽。因為他們登錄網頁的文字說明中，寫的很清楚，「必須是六個月內的照片」。在經過千分之 4 的機率被幸運抽中，又經過一年半多的等待，也付出了體檢費用與面試的簽證費用之後，最後 1 哩路前被拒簽，那種心情真的是萬分鬱卒，也是筆墨所無法形容的。而從 DV2021 開始，KCC 也特別將照片的要求放在登錄頁的首頁中，提醒申請者要注意，並列出很多符合要求與不符合要求的範例供參考。

其實，並不一定要到照相館花錢去拍大頭照。只要小心的按照文中的規定，自己在家裡用數位相機或手機，都可以拍出 100% 符合標準的照片。（我與家人就是在家中用數位相機拍的，我大女兒則是在美國學校的租屋處浴室，坐在地板上用手機拍的。完全符合要求標準）

下面這個網頁是美國國務院關於申請美國簽證的照片要求範例，你可以參考：

https：//travel.state.gov/content/travel/en/us-visas/visa-information-resources/photos/photo-examples.html

有關照片的基本要求：

・彩色照片
・背景必須是白色或米白色，不能有圖案或風景
・清晰（焦點要正確，臉部不模糊）
・**臉部及背後不能有陰影**
・**不能戴眼鏡（任何眼鏡都不行，包含近視或老花眼鏡）**
・不能使用修圖軟體修改背景顏色
・臉部正對鏡頭（不可側臉或抬頭／低頭）
・表情可微笑，但不要笑的太誇張
・不可戴帽子或頭巾、圍巾（除非因宗教原因或醫療原因。若是醫療原因，必須附醫師簽署的證明）
・照片大小為 51mm x 51mm 正方型，像素為 600x600 pixel
  頭部高度為 25mm ～ 35mm（約為相片總高度的 50%-75%）
  （關於尺寸上的要求，倒不用擔心。網站裡也有附一個照片修改的軟體（Photo Tool），只要下載到自己的電腦，依照尺寸自行調整後，得到的照片就會是符合規定要求的了。操作說明本書後面有介紹）

拍照小提示：
1. 拍照時，可以離背後的牆壁約 30 公分站立，這樣背景就不容易出現光線的陰影。如果有一點點的淡淡陰影是可以被接受的。

美國國務院官網上的照片範例，背景也是有一點淡陰影的。

（照片來源：U.S. DEPARTMENT of STATE － BUREAU of CONSULAR AFFAIRS）

2. 無論使用數位相機或手機拍攝，請將相片的解析度調低一點。300 萬像素就足夠了。KCC 要求的標準規格是 600 x 600 pixel，也就只有 36 萬像素。如果拍攝時用了太高的像素（例 800 萬、1000 萬），那在使用前面提到的官方照片調整軟體修改時，會因為像素太高而無法製作出符合要求的照片（頭部面積會太大）。

3. 如果要使用官方照片調整軟體來切割的話，那麼在拍攝時，請不要將臉部的構圖放的太大，否則等一下會不好操作。拍攝時大致上維持面部的寬度為全寬的 50% 左右即可。

附註：如何使用官方照片調整軟體來調整自己的照片
（該軟體第一次使用時，有一些操作方式要注意）

1. 先下載 Photo Tool。

   可以在美國領事事務局官方網站的照片範例頁面找到，或是以下列鏈結直接下載：

   https：//travel.state.gov/content/dam/passports/content-page-resources/FIG_cropper.swf

2. FIG_cropper.swf 下載完成後，發現它是一個影片檔？怎麼會？鏈結搞錯了？其實沒有弄錯，這個官方的照片調整軟體本身就是一個 .swf 的影片文件沒錯。

3. 點擊開啟它。並放大至全螢幕顯示（筆者是使用 Potplayer 播放軟體）

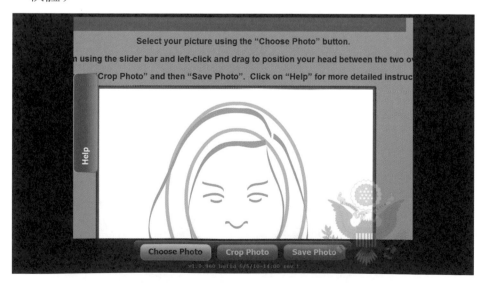

4. 點選左下方的「Choose Photo」

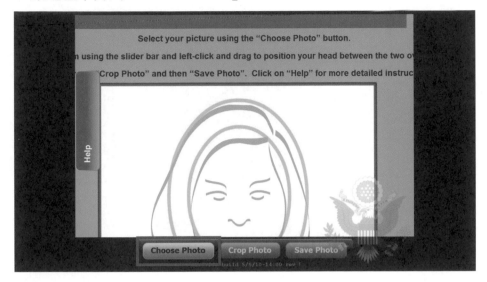

5. 找到自己照片的存放目錄並點選照片載入,並將臉部移至畫面中的綠色橢圓形中間。

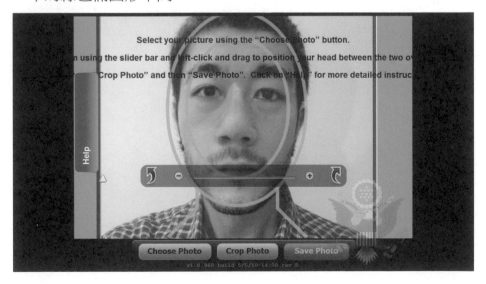

6. 接下來，試著點選畫面中央下方的「Crop Photo」

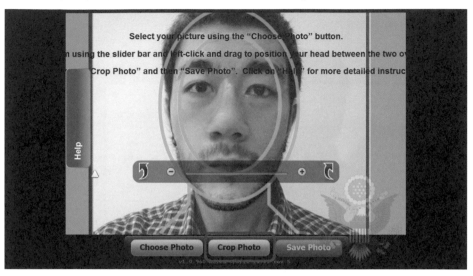

7. 一般接下來的情況，就會出現一個錯誤的提示畫面。看完後點
擊 OK

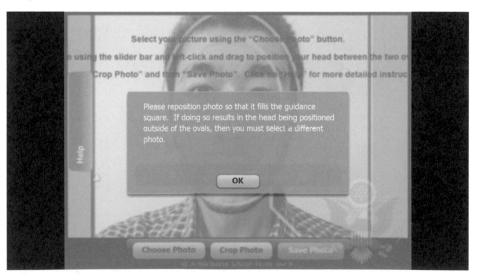

8. 再點擊畫面中央的 Zoom 划桿左方的「Δ」符號，畫面沒反應，
   只出現一個縮放比數字「0.66」（或是其他的數字比例）

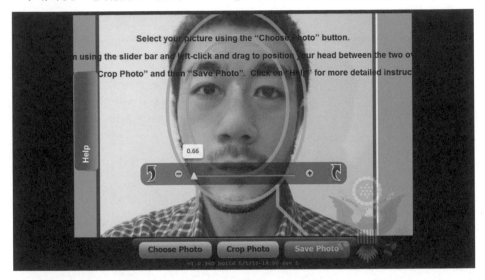

9. 再點擊縮放划桿，才可以進行縮放。
   慢慢的從最小逐步放大，0.66 → 0.67 → 0.68
   也不要放大太多，不然臉部會超出綠色範圍太多

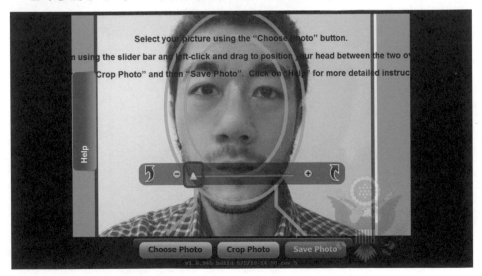

10. 完成後，再點擊「Crop Photo」，就可以順利調整並切割成規
　　定大小的照片了。

11. 找到完成的照片右上角，點「✕」關閉照片視窗。

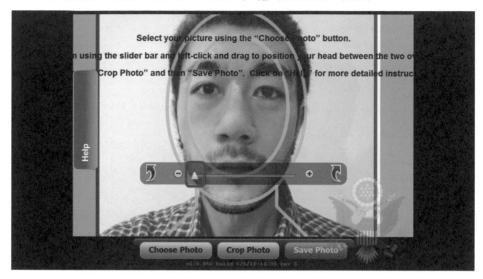

12. 點擊右下方的「Save Photo」將做好的照片另存新檔

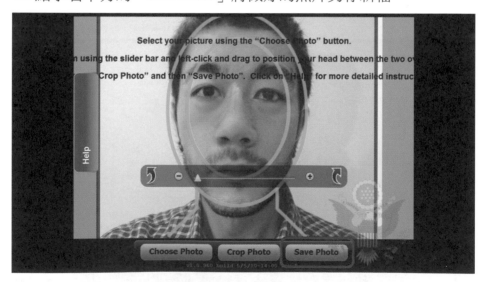

13. 最後，完成的照片，其大小、像素，均會符合規定的標準。存
    檔後備用。

◼️◆ | 常見問題 |

Q.開放線上登記的那段時間，我剛好不在國內，我可以在別的地
區上網登錄嗎？

A.可以。

只要是符合要求的申請人，備妥所需的文件（護照、照片），
你可以在全世界任何地區的任何一台電腦上，完成登錄參加 DV
樂透抽籤。

Q.我可以重覆登錄申請嗎？

A.**絕對不行。**

請注意，這個問題的答案是「絕對不行」。不要道聽途說聽信
網路謠言，以為這樣就可以多幾次被抽中的機會。KCC 電腦抽
籤的機制，可以很準確的抓出重覆登錄的申請人資料。不但會
被電腦自動判定失格，還有更嚴重的後果你要承擔，就是：你
有可能會被美國領事事務局（Bureau of Consular Affairs）註記曾
有「說謊、造假」（Lie/Fraud）的記錄。將來你想申請美國的非
移民簽證，核准的可能性就非常低了。這個紀錄將會永遠影響
你，除非你永遠不想去美國旅遊、商務、讀書、探親⋯⋯。

至於被抓包時，你並不會被告知，所以你並不知道，只是以為
自己今年的運氣不好，沒有被抽中。直到日後你必須申請美國
正式簽證時，面試時一直不過，有的移民官也許才會告訴你真
正原因，是因為之前的造假。

至於台灣人赴美一般使用的 ESTA，它不是正式的美國簽證，是否也會受影響而無法通過？筆者個人認為應該是不會。但即便如此，也請絕對不要嘗試這種作弊的行為。美國人是非常重視個人信用與誠信原則，請不要弄壞了自己的 credit。

Q.夫妻均符合出生地與高中畢業的資格，是否可以各自登錄一次？

A.可以。

假設夫為 A，妻為 B，子女為 C、D 二人。申請 DV 樂透抽籤登錄時，可以以夫 A 為主申請人，妻 B 與子女 C,D 為衍生親屬（Derivatives）登錄一次。

再以妻 B 為主申請人，夫 A 與子女 C、D 為衍生親屬（Derivatives）申請一次。也就是可以有二次的機會，抽中的機率也就變成千分之 8 了。

Q.如果我的子女已高中畢業也未婚，那他／她是否也可以獨立登錄申請？

A.可以。這種情況可以分成二種來看。

第一種情形，子女已完成高中學業並領有畢業證書，在登錄當日尚未滿 21 歲，他／她就可能自己獨立登錄申請。但如果幸運抽中，父母是無法陪同取得移民身分的，只有子女自己具備移民身分。（前文中已提過，主申請人在抽中 DV 樂透之後，其合法配偶與未滿 21 歲的未婚子女可以一起取得移民身分。但主申請人的父母並不在其列。）

第二種情形，子女目前就讀高中三年級，預計明年 6 月就可完成高中學業並取得畢業證書。在這種情形下，他／她也可以獨立登錄申請（在高三上學期的那年 10 月登記），隔年 5 月公布

抽籤結果，6 月時他／她已完成高中學業。當 10 月 1 日開始面試時，他／她已符合資格的要求標準。

Q.我的子女雖然未滿 21 歲，但他／她已具有美國公民／綠卡身分。那在登錄時是否要列入？那配偶具備美國公民／綠卡身分呢？

A.不用。也不用

登錄時要列入的親屬資料（配偶及未滿 21 歲的未婚子女），是「有資格」要與你一起移民美國的家人。你的子女已經是美國人（公民或綠卡），那自然無需與你移民美國，所以不用列入。此外，你的配偶如果是具備美國公民／綠卡身分，那也不需要列在申請資料中。事實上，如果配偶已具備美國身分，你可以直接申請 F2A 的親屬移民簽證，理論上是不需要參加 DV 樂透抽籤的。

Q.我目前與配偶分居，正在協議離婚中，我可否參加 DV 樂透抽籤？

A.前文中有提及，關於台灣婚姻法的規定，分居中＝已婚中。如果你可以取得配偶符合要求規定的照片（生活照是不行的）與其護照上的資料，你自然可以以「已婚」的身分參加 DV 樂透抽籤；但若不能取得配偶的照片／護照，雖然你仍可以假裝以「未婚」或「離婚」的身分登錄參加，但如果抽中後，你會因為無法提供合法的婚姻文件（在登記的那個時間點，你沒有離婚證書），在面試時一定會被 Refused。而且，即使你之後與配偶離婚了，隔年再以「離婚」的身分參加 DV 樂透抽籤，即使幸運被抽中，也會因為你的前一份登錄申請的文件內容「造假」，而永遠不會被核准。請務必知道一件事，「說謊」對美國人（移

民官）而言，是一件非常嚴重的事。

Q. 我的護照有效期限快要到了，我是否要先換新護照再登錄抽籤？
A. 不用。但筆者建議先換新再登錄抽籤。

主申請人的護照，只要在登錄當天還在有效期限內就是合法的，也就可以參加 DV 樂透抽籤。

不過，筆者個人的建議，如果你的護照將在 6 個月內到期，倒不如先將護照換新之後，再上線用新護照的號碼登錄。這樣即使舊護照遺失了，也不會有任何問題。倘若你在登錄時是使用舊護照的資料，後來幸運被抽中，但當時你已經換新護照了，那在你面試時，必須出示新 + 舊二本護照證明。

Q. 登錄時有資料誤植，是否會影響我的中籤機率？或是中籤之後會被判失格（**Disqualification**）？
A. 二者的答案皆為：基本上不會。

首先說明，如果在登錄申請時，不小心填錯一個數字或字母，這類「可能」是無心之誤的小錯誤，系統不會去 double check 你以前如果有申請過美簽的資料，所以也不會知曉你的輸入錯誤。因此並不會影響你的中籤機率。

如果幸運在隔年 5 月被抽中，那時會需要填寫一份 DS-260 表，這時你可以有機會更正你在申請登錄時的那個「無心之誤」，並在面試時向移民官口頭說明。基本上應該是不會影響你的移民簽證被核准的。

但是，如果你的申請登錄資料中，出現了「多個無心之誤」，例如出生的年分錯了、護照的號碼也錯了、姓名的拼法又錯了。這時，移民官就會合理的懷疑，你透過更改個人資料，重覆多

筆登錄抽籤。你是透過這種方法，規避系統判斷是否有重覆輸入的檢核機制，來達到提高中籤機率的作弊行為。結果只會得到一個 Refused。

請了解，移民官是採自由心證來認定的，他不需要向你說明原因／理由，你也沒有任何上訴的可能與機會。

在許多地區與國家的申請人，就是以這種作弊的方式來操作的，並且非常盛行，尤其是一些英語能力不佳的地區人民，透過代理（Agent）來代為填寫電腦登錄資料，這種行為更是常態。

但筆者還是要鄭重提醒想要參加 DV 樂透的朋友，請在輸入時，最後確認送出之前，仔細檢查一次所有輸入的資料是否正確，沒問題後再按下那個 Submit 按鍵。也絕對不要心存僥倖，企圖以作弊的行為來影響結果，因為後果真的會得不償失的。

KCC 從 DV2021（2019.10 月登錄申請的這一次抽籤活動）開始，第一次要求在申請登錄時輸入主申請人的護照號碼。一般相信，KCC 可能又想到新的檢核方法了。所以還是老話一句：誠實的輸入與回答每一條問題。

Q.我去年有參加 DV 樂透抽籤，雖然幸運有被抽中，但是案件編號非常後面，我擔心今年不見得能排到面試。這種情形下，我是否還可以繼續參加今年的 DV 樂透抽籤？

A.可以的。

去年雖然被抽中，但尚未排到面試，今年可以再接再厲。去年的中籤身分完全不影響今年的再次登錄或再次被抽中。

Q.我目前持 F1 簽證在美國求學中（或 OPT 中），可否參加 DV 樂透抽籤？

A.可以。

只要符合出生地與基本學歷的要求，不論你現在是否在美國，或是持有任何種類的非移民簽證，都可以在任何國家線上登錄申請。

Q.**主申請人的子女在 10 月分 DV 登錄時尚未滿 21 歲，但在隔二年之後的 7 月就滿 21 歲了。這種情況下，DV 登錄時是確定要列入家屬名單沒有問題，但如果主申請人中籤之後，能否一起移民呢？**

A.不一定。要看被排到面試的日期而定。

這個問題非常的複雜。首先要了解一件事，雖然該名子女在 10 月分 DV 登錄時尚未滿 21 歲，如果主申請人中籤之後，理論上是可以與之一起辦理移民簽證的。但是由於 DV 樂透移民從登錄開始，到接受面試，時間快則 1 年，慢則是 2 年。很可能在面試之前，該子女已經超過 21 歲了，那也就是喪失與主申請人一起移民的權利了。（中籤人的子女，必須在滿 21 歲的生日之前。持移民簽證入境美國才能取得永久居留權）

不過美國政府在 2002 年頒布了一個 Child Status Protection Act（CSPA- 超齡兒童保護法），提供了一個解決的管道。方法是，對這些剛好屆滿 21 歲的未婚子女提供了一個「暫時凍結年齡」的計算方式。

以 DV 樂透的案例來說，法律規定可凍結年齡的天數為：本年度 DV 樂透開放網路登錄的第一天到公布抽籤結果的第一天之間的天數（每一年度會不一樣）。現假設以 DV2022 為例，說明如下：

A 君的女兒出生日期為 2000.7.1

假設 DV2022 樂透開放網路抽籤登錄的日期為 2020.10.2

假設 DV2022 樂透開始網路查詢抽籤結果的日期為 2021.5.4

說明：從 2020.10.2 ～ 2021.5.4 共計 214 天。

也就是說，A 君的女兒原本滿 21 歲的日期是 2021.7.1，可被向後推遲至 214 天之後。2021.7.1 推後 214 天是 2022.1.31

答案就是，如果 A 君的案件可以在 2022.1 月之前排到面試，其女兒就可以一起面試，取得移民簽證，並且在 2022.1.31 之前入境美國啟動綠卡（入境時必須未滿 21 歲）。若在 2022.1.31 之後才能排到面試，那女兒就會因為超齡而失去取得簽證的機會了。

CHAPTER 3

KCC 負責舉辦的 DV 樂透抽籤，只有一個官方的登錄網站。在每年 10 月初開放至 11 月初。通常在 9 月中下旬，KCC 就會公告今年開放申請登錄的時間表。內容是以美東夏令時間為準。在非開放時間，你是無法進入這個網頁輸入登記的。

在剛開放登記的一個禮拜左右，因為會有來自全世界各個地區大量的申請人湧入登記，所以每年都會發生網路主機癱瘓的狀況。

而且系統也會偵測同一時間在線登錄的人數，並依此調整申請人可以停留在輸入頁面的時間。也就是說，如果很多人在同一時段上線進入系統登錄，那系統會限制每個頁面的停留時間。如果你沒能在時間內完成輸入，當你想進入下一頁時，系統就會把你踢出去，畫面就出現網路錯誤無法讀取的訊息（筆者的感覺，一個頁面最多也就 3 分鐘左右必須完成。否則就被踢出了）。說實話，如果你是第一次參加 DV 樂透抽籤這個活動，你是不可能在 3 分鐘內完成一個頁面的輸入的。光是看完那些輸入說明，我想可能就要 5、6 分鐘以上了。

同樣的情況，有很多國家地區的人民，他們認為在最後 3 天再上網登錄，這樣就會排在最上面，因此被抽出來的機會就最高。所以開放時段的最後幾天會與開放初期的情況雷同，系統會非常的擁擠甚至當機癱瘓。以 DV2021 為例，在登錄的最後 3 天，因為大量的申請人登錄系統，造成主機癱瘓，因此有許多想在最後幾天

再登錄的申請人，反而無法登錄而喪失了 DV2021 的抽籤機會。

所以最好的建議，就是等到開放之後的 7-10 天，系統已經沒有那麼擁擠了，這個時候再上線登記，比較沒有時間的壓力，才能正確無誤的輸入所有資料。就是大約是每年的 10 月 10-25 日期間。其實也就是我們的國慶日到光復節這段期間。光輝十月，普天同慶，登錄抽籤，闔家樂透。

接下來，準備好你的護照，與前一章中所修正完成的標準規格照片檔，讓我們開始正式申請登錄了。

建議你在正式上線登錄之前，先看完本章的輸入說明內容，了解每一項內容應該輸入的資料後，再實際上線登錄輸入，以確保你輸入的內容正確無誤。並且不至於因為浪費過多的時間，而被系統踢出。

一切準備工作完成後。最後要做的一件事，就是翻翻黃曆，找一個諸事大吉的黃道吉日，打開電腦，開始登錄了！

DV 樂透抽籤美國國家領事事務局唯一官方網站：

https：//www.dvlottery.state.gov/

註：這個 DV 樂透抽籤的唯一官方網站有幾個主要的功能，說明如下：

1. 每年 10 月開始，開放登錄參加 DV 樂透抽籤，為期大約 1 個月。

2. 每年 5 月開始，開放查詢中籤結果。一直到該會計年度終止（隔年 9 月 30 日）

   如果讀者幸運中籤，只要輸入確認號碼與個人資料後，就會看到一封通知信，告知你幸運中籤與你的案件編號（Case Number）。這個通知一般被稱為 1NL（1st Notification Letter）

3. 如果你完成了所有的文件遞交，並且你的案件編號也已被「啟動」（CURRENT），你會收到一封 mail 告知你已經被安排面試了。此時你再登入這個網頁，你會發現 1NL 已經沒有了，取而代之的是另一封通知信，告知你面試的日期與相關事項。這個通知就是所謂的 2NL（2nd Notification Letter）

所以它有三個功能：

輸入 DV 樂透登錄

查詢 DV 樂透抽籤結果（中籤者會顯示 1st NL）

查看面試通知函（CURRENT 者會顯示 2nd NL）

DV 樂透登錄

進入 DV 樂透官方網站後，首先是歡迎網頁，幾項說明文字。

「本期抽籤日期說明」：公告這一期 DV 樂透的抽籤登錄日期

「本期注意事項說明」：點擊後可下載有關本年度的 DV 樂透抽籤說明 pdf 文件。如果有興趣，可以下載回來慢慢看。以 DV2021 年度為例，該 pdf 文件內容有 18 頁。

「照片要求說明」：這是從 DV2021 年度新增的一項說明，點擊後會進入美國國務院領事事務局的網站，裡面有關於申請美國簽證的照片標準規格要求的說明。如果你已經依照本書前文中的說明，成功完成照片的調整，那可以不用理會這一段。

「照片要求說明」是 DV2021（2019 登錄）才正式放在首頁的要求說明，表示 KCC 將會對照片要求嚴格審查。凡是照片不合於規定的申請人，可能都會被判定失格。

將畫面向下拉動，出現綠色「Begin Entry」按鈕，點選後進入下一步

最下方還有一個「DV Entrant Status Check」是給上年度 DV2020 的申請人查詢是否中籤與之後的案件進度。目前我們用不到，不予理會。

雖然旁邊也有一個「DV2021 Entrant Status Check」的選項，不過 DV2021（2019.10 月登錄的）是尚未開放查詢的，即使輸入相關的資料也不會有任何結果的。

依照圖片內容，輸入驗證文字，點選「Submit」就正式進入登錄

從現在開始，以下你所有的輸入只能是英文或數字，絕對沒有中文。任何的中文輸入都將被判定失格。

所有的年分，都只能輸入西元年分，輸入民國的年分會被視為「造假」失格。

71

🔑Part One，主申請人資料

1. Name　→ 姓名

   Last/Family Name　→ 姓氏，輸入護照上的姓氏英文

   First Name　→ 名字，輸入護照上的名字英文

   Middle Name　→ 一般應該沒有，不用輸入，

   把下方 □ No Middle Name 打勾

2. Gender　→ 性別

   ○ Male　→男

   ○ Female　→女

3. Birth Day　→ 出生日期

   Month　→月（填阿拉伯數字）

   Day　→日（填阿拉伯數字）

   Year　→年（填阿拉伯數字，西元年分，**千萬不要填成民國**）

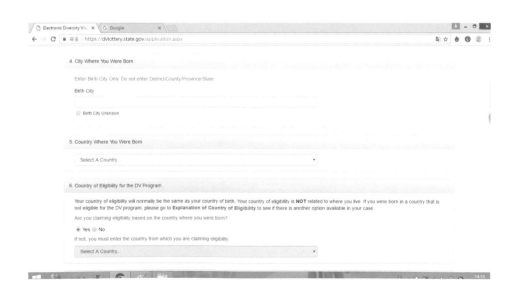

4. City Where You Were Born　→出生地（城市名稱）

   Birth City　→輸入出生地的城市名稱，護照上有，只輸入城市名稱

5. Country Where You Were Born　→出生國別

   點擊「▼」，拉下選單，選擇「TAIWAN」

6. Country of Eligibility for DV Program　→你的出生國是否是可參加DV 樂透抽籤的國別

   Yes　→ Yes 的選項已經被默認點選了，你可以不用理會這個選項。若你的出生國別不在被允許的名單中，那麼就要點選 No，並說明。

   （例如：父母／配偶的出生地是被允許參加的）

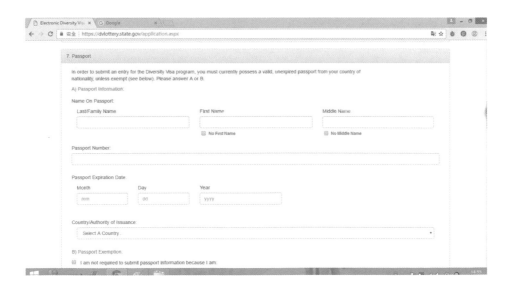

7. Passport　→護照（主申請人在有效期限內的護照）

   Name On Passport　→護照上的姓名

   Last/Family Name　→姓氏，輸入護照上的姓氏英文

First Name　→名字，輸入護照上的名字英文

Middle Name　→一般應該沒有，不用輸入，

把下方□ No Middle Name 打勾

Passport Number　→輸入護照編號，一共是 9 位數字

Paeeport Expiration　→ 護照到期日期

Month　→輸入月（填阿拉伯數字）

Day　→輸入日（填阿拉伯數字）

Year　→輸入年（填阿拉伯數字，西元年分，**千萬不要填成民國**）

Country/Authority of Issuance　→護照簽發的國家

點擊「▼」，拉下選單，選擇「TAIWAN」

Passport Exemption　→豁免護照輸入選項

某些特殊原因無法取得護照，或無護照者勾選並說明

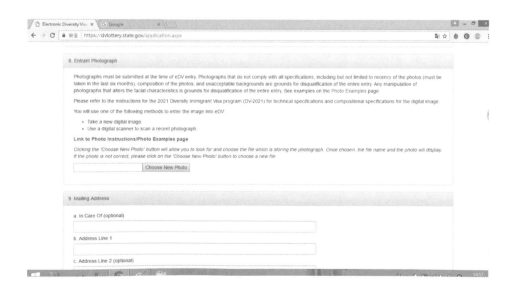

8. Entrant Photograph　→上傳主申請人照片

點選「Choose New Photo」，然後在自己的電腦目錄中，找到正確的照片位址，點選後上傳。上傳完成後，可以看到照片正確的顯示出來。

請注意：照片一定不能弄錯人。一定要傳對申請人本人的照片。在其他的項目中，如果你無心輸入了一個小錯誤，隔年你幸運被抽中後，一般移民官大都能接受你在 DS-260 表中的更正與說明。但照片傳錯張，那在面試時一定會被 Refused。這也是一項無可挽回的嚴重錯誤。

所以照片上傳完成後，一定要確認是不是目前正在輸入資料的這個人的照片（因為後面還要輸入配偶、子女的資料）。

如果你不注意，把自己與配偶的照片倒置了，並送出也取得了確認碼。隔年你幸運被抽中，然後繳費做了體檢，也打了該打的疫苗，等到 AIT 面試，又繳了每人 USD330 的面試費。最後移民官拿出你的登錄申請資料，告訴你：你們二人的照片弄錯了，我不得不拒絕你們的簽證。一年半以來的籌劃與等待，在最後 1 分鐘全部化為烏有，真的情何以堪。（這也是曾經發生過的案例，而且還不只發生過一次）。

因為在你按下「Submit」按紐送出登錄申請的資料後，後面一年半的整個過程中，你不會再看到你的登錄資料，也不會知道，在最初登錄資料時，你的照片弄錯了。

9. Mail address　→ 通訊地址

a. In Care Of（optional）　→被某人照顧中。這是一個選填的項目，也就是可以不填。如果你是成人，自己居住生活，那可以不用填。

如果你未成年，目前還跟父母／監護人同住，並由其供給生活所需，那這裡可以填入父／母／監護人的姓名。

b. Address Line 1　→地址，第一行。可填入：

NO.xx, LANE xx, SEC.1, BADE ROAD

c. Address Line 2（optional）　→地址，第二行（可選填）。可填入：ZHONGZHENG DISTRICT

d. City/Town　→城市名。可填：TAIPEI

e. District/Country/Province/State　→區／鄉／省／州。可填：DOES NOT APPLY（不適用）

f. Postal Code/Zip Code　→郵遞區號。可填：10010（按真實地址所在的 5 碼郵遞區號填入即可）

g. Country　→所在國名

點擊「▼」，拉下選單，選擇「TAIWAN」

註：這個通訊地址，在正常的作業程序下，不論你是沒有中籤，或是幸運被抽中，都不會被用到。也就是說，KCC 不會用傳統的郵寄方式寄給你任何文件的。

如果之後你被抽中了，KCC 是依照你的出生國別來區分你所屬的地區。所以只要你是在台灣出生的，你都會被分派到 AS 亞洲區。如果你現在在國外求學中，你可以填現居地的地址，或是台灣家裡的通訊地址也可。

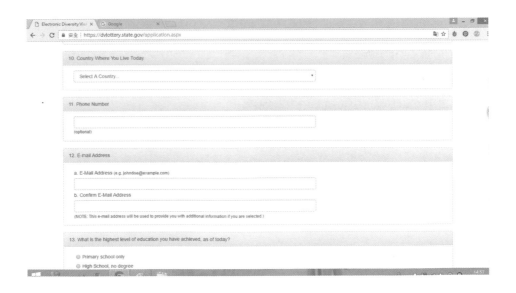

10. Country Where You Live Today　→你目前居住的國家

拉下選單，依真實情況選擇。

如果你目前居住在台灣，就直接選「TAIWAN」。

若你目前在國外求學中，上一項的通訊地址，你可以填台灣家

中的地址；這一項的現居地則依真實狀況選擇。

11. Phone Number（optional） →電話號碼。選填項目，可不填。
如果要填的話，請記得加上國際冠碼與國碼。例如：
+886912345678

12. E-mail Address →電子郵件信箱。這個項目相對重要很多。
在你未中籤，或中籤之後，如果 KCC 有重要事項要與你聯絡，
這個 E-mail 是他們會使用的唯一聯絡方式。
請填入一個你會時常收信，並運作正常，而且在未來 2 年內都
會持續使用的郵箱。
此外也請你不要忘記你填的這個 E-mail 內容。因為萬一 6 個月
後要查詢中籤結果時，你弄丟了等一下完成之後會給你的一個
確認碼（Confirmation Number），你可以靠這個 E-mail 地址，
重新取回那個非常重要的確認碼。
因為這個項目的內容相對重要，所以要重覆輸入一次內容，避
免錯誤。
附註：筆者用的是 gmail.com 的信箱，相對穩定。建議你也可
以使用它。

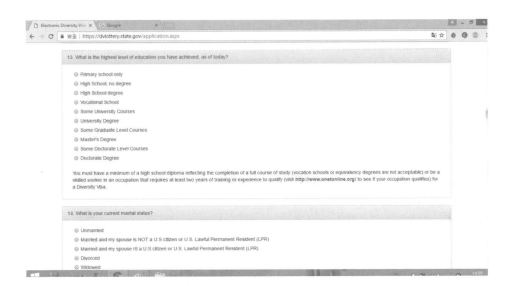

13. What is the highest level of education you have achieved, as of today?

→ 到今天為止，主申請人的最高學歷

○ Primary school only　→小學

○ High School, no degree　→高中未畢業（或就學中）

○ High School degree　→高中畢業（台灣的高職、高工屬於這一項）

○ Vocational School　→技職學校（台灣沒有）

○ Some University Courses　→大學未畢業（或就學中）

○ University Degree　→大學畢業

○ Some Graduate Level Courses　→碩士未畢業（或就學中）

○ Master's Degree　→取得碩士學位

○ Some Doctorate level Courses　→博士未畢業（或就學中）

○ Doctorate Degree　→取得博士學位

這個選項，請依主申請人的實際狀況誠實勾選。

依照 DV 樂透抽籤的規定，必須至少具備高中畢業學歷才有資格參加。（技職學校或同等學歷是不符合參加資格的）

如果不能滿足學歷的要求，就必須考慮過往 5 年中，是否有至少 2 年，從事某類被認可的工作職位。有關詳細的說明，本書前文已有敘及，此處不再贅述。

上列學歷表列中的 Vocational School，是美國教育中的技職學校，一般主要是成人教育，為進入社會謀得工作的一種教育。與台灣的高中職業學校並不相同。台灣的職業學校，屬於 High School 的範疇。所以台灣職業學校畢業並取得畢業證書者，是有資格參加 DV 樂透抽籤的。

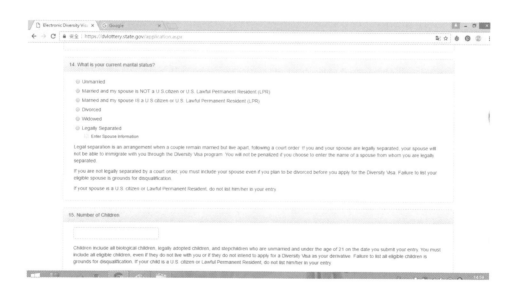

14. What is your current marital status?　→主申請人目前的婚姻狀態

　　○ Unmarried　→未婚

　　○ Married and my spouse is NOT a U.S. citizen or U.S. Lawful Permanebt Resident（LPR）

→已婚。配偶並非美國公民或合法居民

○ Married and my spouse is a U.S. citizen or U.S. Lawful Permanebt
　Resident（LPR）

　→已婚。配偶是美國公民或合法居民

○ Divorced　　→離婚

○ Widowed　　→喪偶

○ Legally Separated　　→合法分居

「未婚」的定義就是尚未結婚。已訂婚者還是「未婚」。

「合法分居」的情形，前文已有論述。所以在台灣，夫妻分居
要選「已婚」

婚姻狀態的選項中，只有選擇「已婚」的主申請人，其配偶才
能一起隨同移民美國。

15. Number of Children

　　填入有資格與主申請人一起移民的、未滿 21 歲的未婚子女數。

　　包含婚生子女、收養、認領的非婚生子女。

　　該子女是否與主申請人同住，並不是考慮的要件。

完成主申請人的資料輸入後，點擊「Continue」繼續下一頁。

如果此時發生網路連線中斷，無法繼續下一頁時，那麼可能是網路主機塞車，或是你在這一頁輸入資料時，消耗的時間過長。不管是哪種原因，你剛才的輸入全部失效。KCC 並不會，也沒有保存之前的輸入內容。你必須重新進入美國領事事務局的官方網頁，從頭再來一次。

如果你加快輸入的時間後，仍然遇到相同的中斷情況，那就是網路塞車嚴重。建議隔口再來試一次。

不要一直反覆嘗試。因為幾次之後，你會變的開始浮噪，注意力也會變的比較不集中。這時候很有可能會拼錯或打錯一個字母，造成日後無謂的麻煩。反正晚一天登錄，被抽中的機率也是一樣的。

如果順利繼續到下一頁，那就是要輸入你的衍生家屬
（Dcrivatives），也就是如果你幸運被抽中，可以與你一起移民
美國的家屬們。

符合條件家屬的資料輸入內容，相較主申請人簡單許多。

但要注意不要搞錯

🔑 Part Two——家屬

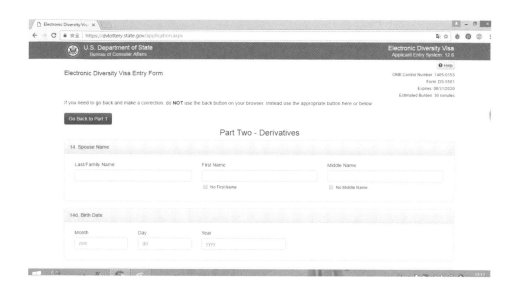

14. Spouse Name　→配偶姓名

　　Last/Family Name　→姓氏，輸入護照上的姓氏英文

　　First Name　→名字，輸入護照上的名字英文

　　Middle Name　→一般應該沒有，不用輸入，

　　把下方 □ No Middle Name 打勾

14d. Birth date　→配偶出生日期

　　Month　→月（填阿拉伯數字）

　　Day　→日（填阿拉伯數字）

　　Year　→年（填阿拉伯數字，西元年分，**不要填成民國**）

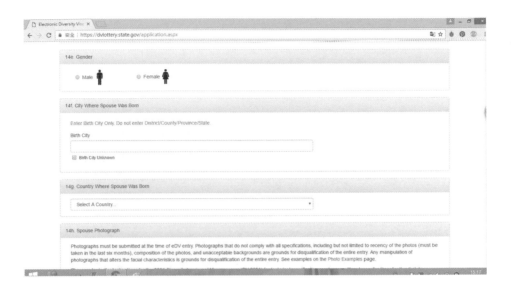

14e. Gender　→　配偶性別

　　○ Male　→　男

　　○ Female　→　女

14f. City Where Spouse Was Born　→配偶出生地（城市名稱）

　　Birth City　→　輸入出生地的城市名稱，護照上有，只輸入城市名稱

14g. Country Where Spouse Was Born　→配偶出生國別

　　點擊「▼」，拉下選單，選擇「TAIWAN」。

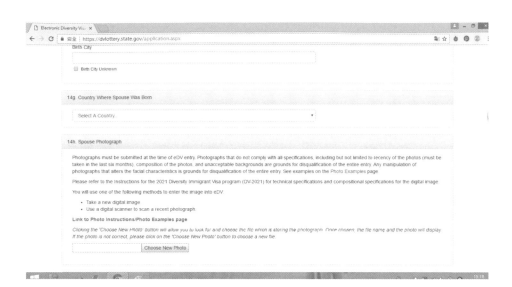

14h. Spouse Photograph　→上傳配偶照片

點選「Choose New Photo」，然後在自己的電腦目錄中，找到正確的照片位址，點選後上傳。

上傳完成後，可以看到照片正確的顯示出來。

注意照片不要傳錯即可。

上傳結束後，一定要看到照片內容，確認無誤。

再強調一次，照片弄錯就「死當」了，完全無解，一定被 Refused。

配偶的資料輸入，到此結束，接下來是子女的資料輸入。

15. Child #1 Name　→　第一位子女姓名

　　Last/Family Name　→　姓氏，輸入護照上的姓氏英文

　　First Name　→　名字，輸入護照上的名字英文

　　Middle Name　→　一般應該沒有，不用輸入，

　　把下方 □ No Middle Name 打勾

15d. Birth date　→　第一位子女出生日期

　　Month　→　月（填阿拉伯數字）

　　Day　→　日（填阿拉伯數字）

　　Year　→　年（填阿拉伯數字，西元年分，**不要填成民國**）

15e. Gender　→　第一位子女性別

　　○ Male　→　男

　　○ Female　→　女

15f. City Where Child Was Born　→第一位子女出生地（城市名稱）

　　　Birth City　→輸入出生地的城市名稱，護照上有，只輸入城市名稱

15g. Country Where Child Was Born　→第一位子女出生國別

　　　點擊「▼」，拉下選單，選擇「TAIWAN」。

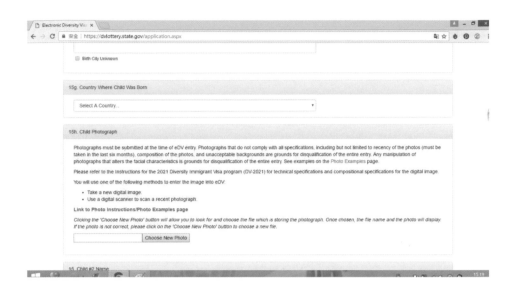

15h. Child Photograph　→上傳第一位子女照片

　　點選「Choose New Photo」，然後在自己的電腦目錄中，找到
　　正確的照片位址，點選後上傳。

　　上傳完成後，可以看到照片正確的顯示出來。

　　第一位子女的資料輸入，到此結束，接下來如果有二位以上
　　的子女，就依照前面一樣的方式，依序輸入。

15. Child #2 Name　→第二位子女姓名

　　如果有二位以上的子女，會出現「Child #2」。

　　依照前一位子女的輸入方式，依序正確輸入。

　　完成最後一位子女的資料輸入後，點擊下方的「Continue」，
繼續下一頁。

接下來，畫面上會顯示你之前所有輸入的資料內容，包含主申請人、配偶、子女（如果有的話）。

這個部分，請務必仔細的一個字母一個字母核對檢查，確認所輸入的資料完全正確無誤。

如果發現錯誤，可以使用「Go Back to Part 1」（修改主申請人內容）或「Go Back to Part 2」（修改配偶或子女內容）。

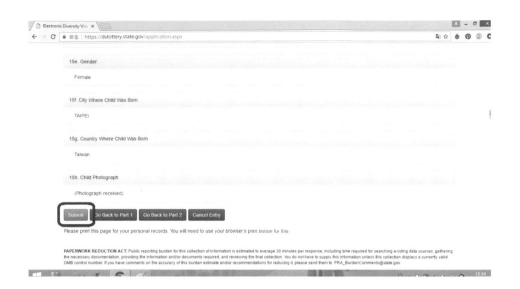

再三確認所有輸入資料無誤之後，就可以點擊左下方綠色
「Submit」。

一旦點擊 Submit 送出資料後，就永遠無法再更改內容了。這次
參加 DV 樂透抽籤的登錄，也就成功完成了。

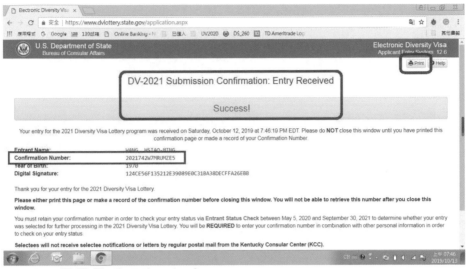

這是最最最重要的一個畫面。

在輸入完成，按下「Submit」之後，必須在螢幕上看到這個畫面才算成功。

DV-2021 Submission Confirmation：Entry Received

Success ！

如果剛才在點擊「Submit」之後，沒有看到這個「Success」的畫面，或是網路又被中斷連接。那就又要重新回到官網首頁，再重來一次。

這個成功畫面中，最重要的一個資訊就是「Confirmation Number」。這是一組由英文字母與數字組成的亂數，是明年5月分要上線查詢是否中籤的重要資訊。查詢是否被抽中，除了需要這組亂數編號之外，還會需要主申請人的姓與出生年分，這些資料是你個人專有的，你不會忘記的。

如果你的電腦有連接印表機，那可以開啟印表機之後，點選畫

面右上角有一個「Print」按鈕，就可以直接列印出來。

如果沒有印表機，那就先用手機拍一張照片存檔。

或是使用電腦的 Print Screen 功能做螢幕截圖後，再用小畫家存起來。

總而言之，這個號碼要保存半年以上。找一個你認為最妥當的地方與方式存放。隔年公布抽籤結果之後，如果幸運中籤，這個 Confirmation Number 更是你的識別碼。等同你在 KCC 的身分號碼。到時候，你一定會無意間背下來的。（到時候你需要輸入無數次這個代碼，久了，自然就背下來了）不過也請留意，這組代碼不要輕易告知他人，尤其是 Agent 之類的工作人員。因為它也是你中籤之後，後續動作的「通行碼」。

▦ |後言|

整個 DV 樂透抽籤的登錄工作，到此已是大功告成了。接下來就是長達六個月以上的等待。直到隔年的 5 月的第一週左右，KCC 會公布幸運中籤者的資料。雖然**我們都是說 KCC「公布」，但實際上 KCC 不會主動通知中籤的主申請人是否被抽中**；而是參加抽籤的主申請人以六個月前得到的那組 Confirmation Number 與自己的姓 + 西元出生年分，自己上網去查詢。

如果，六個月後要上線查詢抽籤結果時，才發現之前保存下來的那組 Confirmation Number 真的不見了，怎麼辦？別擔心，在隔年公布抽籤結果的網頁上，會有一個選項讓你找回你的 Confirmation Number。不過找回 Confirmation Number 的這個功能，在公布抽籤結果之前是沒有辦法使用的。也就是說，你今年送出登錄資料之後，就把 Confirmation Number 給弄丟了，要等到隔年 5 月分之後，才有辦法重新找回。不過在這段期間內（從你送出登錄資料到抽籤結果公布），你也沒有機會用到那組編號的。

每年 5 月分 KCC 公布抽籤結果後，電腦主機癱瘓的情事會再度上演一次。5 月初，數佰萬或上仟萬的 DV 參與者開始上線查詢結果，KCC 電腦主機癱瘓的程度會比去年 10 月分登錄時還要嚴重，一旦當機，修復的時間往往需要數天之久。所以，無需在 5 月初就急著上線查詢，因為就算幸運被抽到，你至少還有 5-12 個月以上的時間準備面試。所以不需要急於在 5 月初就去擠破頭，不但查不到結果，還讓自己焦躁，影響了正常的工作與生活。

登錄完成後，可以暫時忘了這件事。記得在手機的行事曆裡，設

定一個次年 5 月 10 日的提醒，提醒自己要上網去查詢結果了。

有機會到廟裡的話，倒是可以拜託媽祖、觀世音菩薩、佛祖、關聖帝君、玄天上帝、開漳聖王、三山國王、清水祖師……，或是耶穌基督、聖母瑪麗亞，還有一個雷神索爾，請眾神幫幫忙，讓你能順利中籤。

至於本書，你可以暫時束之高閣。或是放在床頭櫃上，晚上睡不著覺時，拿出來當做催眠用，也算是物盡其用了。

▦ |常見問題|

Q.我如何知道我的申請登錄成功完成了（被 KCC 接受了）？

A.你必須要能看到確認頁面才算成功。

前文中曾述及，在輸入登錄資料時，KCC 的網頁是有時間限制的，每一個頁面有最長停留的時間限制。也就是說，如果你一邊登錄資料時，一邊去找需要的文件（護照、照片），結果一定會超時。此時你在點選「Continue」繼續下一頁時，就會被踢出系統，畫面出現網頁錯誤的訊息。

那這次的輸入，並未成功。你必須重新回到原始的登錄首頁，再來一次。所以，盡量在開始登錄輸入前，準備好所有需要的資料，一氣呵成，準確且不慢的速度完成所有問題的輸入。最後點選綠色的「Submit」完成。

這時螢幕上會出現這樣一張確認頁面：

DV-2021 Submission Confirmation：Entry Received

Success!

看到這二句話，就是成功了。但，請務必先將此確認畫面留存或列印下來。

Q.可不可以修改我已經送出的登錄資料內容

A.不可以。

你的登錄資料一旦 Submit 送出之後，就無法再修改內容了。也無法取消／刪除或抽回不算。

如果送出之後，才想起資料有誤，於是再重新建立一個新的登錄輸入，重新輸入了一次正確的登錄資料。在這種情形下，你很可能會被電腦自動判定為「重覆輸入」，而直接被判失格。

Q.實際登錄時，真正只需要主申請人一人的護照資料，其他的家人可以不用準備護照是嗎？

A.嚴格說，是的。

但筆者仍建議，只要是有資格的家人也一起準備護照，這樣相關的資料內容（例：姓名的英文拼法、出生地的英文）比較不會弄錯，相對好一些。

Q.在登錄之前剛好生了小 baby，請問 baby 是否也要一併列入？

A.要的。因為小 baby 也是「有資格」一起移民的一分子。

Q.我同時有中華民國與澳洲的護照，我應該用哪一本護照的內容來登錄申請？

A.只要你符合出生地與學歷／工作經歷的要求，使用哪一本護照並沒有影響。你可以使用台灣為出生地，然後以澳洲護照的內容來申請；當然也可以使用中華民國護照申請，二者皆可。二者的中籤機率也是一樣的。

Q.我在送出申請資料並取得 Confirmation Number 之後，才想到剛才輸入的資料可能有錯誤。這是否會影響我的參加抽籤資格。

A.不會。登錄參加抽籤的各項資料，只要是真實的，符合要求規定的（例如：照片），也沒有重覆輸入，基本上是不會影響被抽中機率的。

至於像最高學歷，通訊地址等內容，即使填錯了，也都可以在
被抽中之後，透過 DS-260 表來修正。

Q.在完成登錄資料送出之後，我結婚了（或是有了新生 baby），
那我的衍生家屬與登錄時不同了，要怎麼更改？

A.登錄資料在一旦按下「Submit」按鍵之後，就無法更改了。任何
狀況下都無法撤回更改。

如果這次沒中籤，那下年度如果還要參加登錄的話，就可以把
新成員加進去。如果結果幸運中籤了，那就等遞交 DS-260 表時，
再來更改。這一部分，在後面的章節中會再說明的。

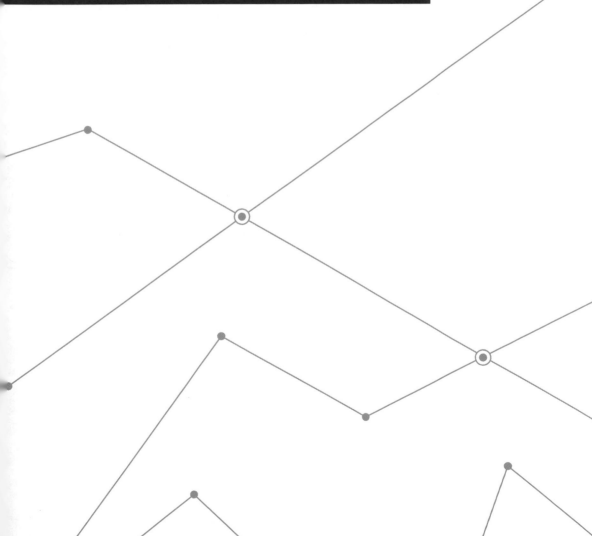

查詢結果

CHAPTER4

經過了５，６個月的等待（或許你壓根忘了這檔事），
終於到了公布答案的時刻了。

查詢抽籤結果，是一件一翻兩瞪眼的事。因為只有二種
答案：

「恭喜你，抽中了」。「很抱歉，你沒被抽中」。

結果一旦顯示在螢幕的畫面上，就是 100% 千真萬確
的了。不會有誤發、弄錯了、「可能暫時不是真的沒中」
這種你自己假設出來的結論。就算你再重覆查詢 100
次，它給出的答案永遠都會是一樣的。

▦│查詢步驟│

首先找出在去年 10 月完成登錄之後所列印下來的那張確認單。再
找出裡面那一串英文及數字組成的亂碼編號。

進入美國國務院領事事務局官方網站：
https：//www.dvlottery.state.gov/
也就是去年參加 DV 樂透抽籤登錄申請的同一個官方網頁。

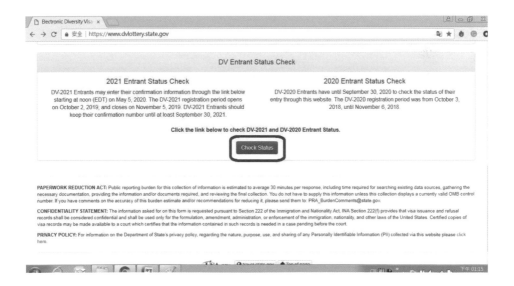

進入之後，向下拉動，找到「DV Entrant Status Check」的畫面。
畫面上會顯示最近的 2 個年度 DV 樂透抽籤的查詢說明，

一個是本年度的（就是你要查的那一個），另一個則是上一年度
的（在 5 月分時，上年度的 DV 現在尚在進行面試中，所以當然
也可以查詢）

點擊「Check Status」進入。

歡迎畫面。

其實 DV 樂透抽籤結果的查詢，一般開放的日期是登錄的次年 5
月分，然後就一直開放至該年度 DV 整個面試處理完畢為止，也
就是再次年的 9 月 30 日。所以每年從 5 月初～ 9 月 30 日這段期
間，「DV Entrant Status Check」這個網頁是可以同時查詢二個年度
的 DV 樂透抽籤結果的。

我們直接點擊「Continue」繼續下一步。

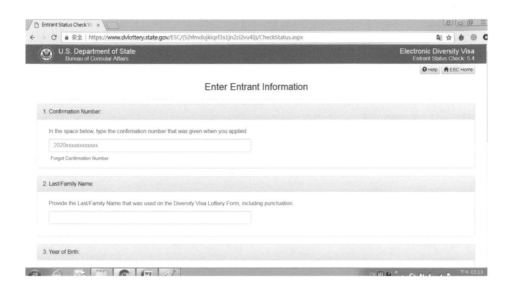

要查詢抽籤的結果，需要主申請人的三個資料：
Confirmation Number（確認編號）、姓氏英文、出生西元年分

依序輸入三份需要的資料。再輸入驗證碼。

最後點擊「Submit」送出。就揭曉答案了。

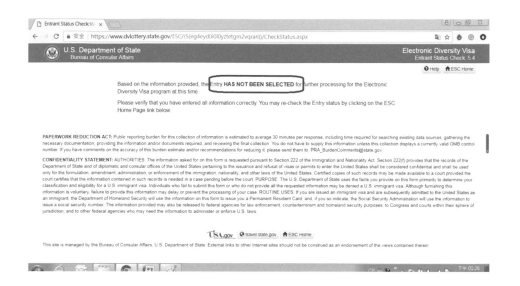

如果螢幕上出現上面這樣的畫面，

並有：「the Entry HAS NOT BEEN SELECTED …」，那就是沒有被抽中。

收拾一下心情，繼續努力工作，有空的時候多存點錢，今年 10 月還可以繼續參加。就筆者所知，有人連續參加了 22 年都「摃龜」，（當然也有人第一次參加就被抽中的）。筆者若是美國領事事務局的移民官員，就直接給這位 22 年都持之以恆的參加者移民簽證，這人對美國的執著與堅持，以及 22 年的毅力與恆心，不發簽證給他真是說不過去啊。

如果出現上面這個畫面，恭喜你，你是今年度 DV 樂透抽籤的幸運中籤者。這封通知信，左上角會有你的姓名、還有當時你填的通訊地址等資料。

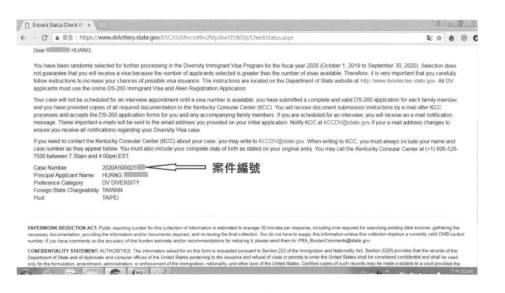

把畫面向下拉，會看到一組「Case Number（案件編號）」。

這個編號是整封信裡最最最重要的資訊，也是確認你有被抽中的證據。同時案件編號的大小，也直接關係到你是否有機會排到 AIT 的面試，然後取得美國的移民簽證。

請注意，DV 樂透抽籤被抽中，KCC 並不保證你一定能獲得美國的移民簽證。你還必須準備很多申請移民的官方文件，與最終通過 AIT（美國在台協會）移民官的面試。所以，後面還有很長的一段路要走。

筆者當時的 Case Number 是 2020AS00025xxx （DV2020 亞洲地區的第 25xxx 多號）

確認碼遺失

當別人都順利查到結果了，不管有沒有中，至少知道答案了。
但我當初登錄申請的那個確認碼 Confirmation Number 不見了，怎
麼查？不用擔心，還是有方法可以找回那組確認碼的。

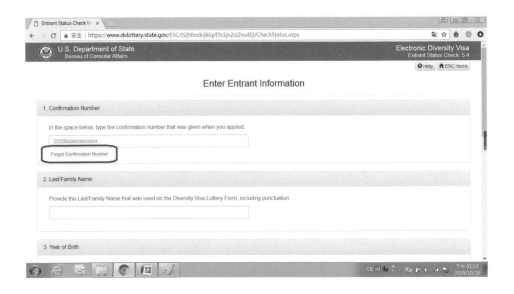

你一樣依照前面所介紹的方式，進入歡迎網頁，並點擊「Continue」
繼續。在出現要求輸入 Confirmation Number 的畫面時，下方有一
排小字：

「Forgot Confirmation Number」。請點擊這排小字，就可以進入找
回確認碼的網頁。

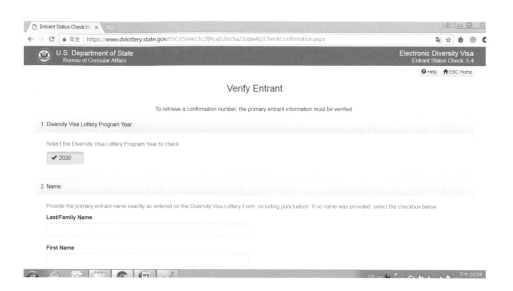

進入網頁之後，就依要求，輸入相關的資料內容即可。

1. Diversity Visa Lottery Program Year：

→找到你參加的 DV 年度。在每年 5 月初 -9 月 30 日之間，會有二
個年度的資料可查詢。請不要選錯了。

2. Name　→填入當初申請時的主申請人姓名資料

Last/Family Name　→姓氏，輸入護照上的姓氏英文

First Name　→名字，輸入護照上的名字英文

Middle Name　→一般應該沒有，不用輸入，

把下方 □ No Middle Name 打勾

3. Date of Birth　→主申請人的出生日期

Month　→月（填阿拉伯數字）

Day　→日（填阿拉伯數字）

Year　→年（填阿拉伯數字，西元年分，不要填成民國）

4. Email Address　→電子信箱地址

填入當初申請時所填寫的那個郵箱地址

5. Authentication　→確認碼

依圖片內容填入確認碼

最後點擊下方的「Submit」送出。

如果你填寫的資料與之前 10 月分登錄申請時填的一致，系統會找回你的確認碼，並將你的確認碼與個人資料直接帶出來，自動填到查詢中籤的頁面。

這時候，先別急著按「Submit」，先用手機或紙筆，把顯示在畫面上的那一組確認碼記錄下來。萬一等一下抽中了，日後還會需要這組文數字的。

現在只要直接輸入圖片的隨機碼，並點擊「Submit」就可以看到抽籤的結果了。

◧ |後言|

如果你不幸跟筆者第一次一樣，也「摃龜」。沒關係，來日方長，
繼續加油。
如果你幸運中籤。那，萬里長城現在開始起建，你還有很長的一
段路要走。
最後，希望正在看本書的讀者，都「必須」繼續看下一章節。
因為那表示，「你……中籤了！」

常見問題

Q.我在 5 月分的時候忘了上網去查,請問過了 5 月還能查嗎?或是 KCC 會寄通知 mail,告知我被幸運抽中了?

A.可以。不知道會不會。

DV 樂透查詢抽籤結果的網頁,從登錄後的次年 5 月初開放可以查詢,一直到隔年的 9 月 30 日前都可以隨時進入該網頁查詢。KCC 是不會寄發通知 mail 告知參加的申請人,你被抽中了或是你沒被抽中。所以歷年來都會有人完全忘了這檔事,直到隔年的 6,7 月才想起來,上網一查,竟然中籤了。但是因為得知的時間太晚了,已經來不及作業趕在 9 月 30 日前完成面試。

不過,DV2020 這一年度,KCC 在 10 月分(5 月公布中籤資訊後的 5 個月),竟然史無前例破天荒的寄發了通知信,給所有中籤的主申請人,要求主申請人準備必要的文件並掃瞄後回傳KCC。以往,這個要求回傳「必要文件」的通知信,是在主申請人遞出 DS-260 表之後,才會被 KCC 以 mail 要求。但 DV2020這一次卻是不論主申請人有無遞出 DS-260 表,全數要求。因此真的有很多的中籤人是在收到這封 mail 之後,才得知自己已被幸運抽中。

DV 樂透抽籤的程序,每年都會有一些新增加的變動。例如DV2019 開始要求掃瞄必要文件後回傳;DV2020 主動寄發通知要求回傳必要文件、DS-260 表要求填入申請人的社群媒體資訊與旅遊史;DV2021 登錄時要求輸入主申請人的護照號碼。

所以如果你已幸運被 DV 樂透抽中，請務必要到美國領事事務局的官方網站上，有一頁專門給中籤者看的後續程序的流程說明。（https：//travel.state.gov/content/travel/en/us-visas/immigrate/diversity-visa-program-entry.html）

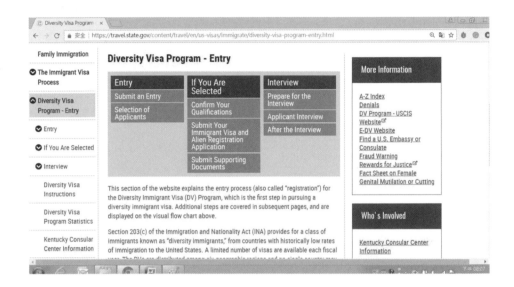

這個網頁中，主要有三部分的流程說明：

Entry ：登錄輸入申請表

If You Are Selected ：假如你中籤了，後續要做的事

Interview ：面試注意事項

如果你不習慣看英文，那也可以利用 Google Chrome 的翻譯功能，把網頁內容轉成中文。雖然是電腦的翻譯，不過還算 ok。

Q.我可否在 5 月前先上網找回我的登錄確認碼

A.不行。

找回登錄的確認碼，必須是要在查詢中籤與否的那個網頁上操

作的。而查詢中籤與否的網頁，一直要等到 5 月初才會開放使用。所以也只有等到 5 月初才能找回你遺忘的那組確認碼。

附註：
下面是中籤者在查詢之後，所得到的一封告知信，也有人稱為 1NL（1st Notification Letter），內容如下：

中籤者的姓名
通訊地址
TAIWAN

Dear xxx,

You have been randomly selected for further processing in the Diversity Immigrant Visa Program for the fiscal year 2020 （October 1, 2019 to September 30, 2020）. Selection does not guarantee that you will receive a visa because the number of applicants selected is greater than the number of visas available. Therefore, it is very important that you carefully follow instructions to increase your chances of possible visa issuance. The instructions are located on the Department of State website at http：// www.dvselectee.state.gov. All DV applicants must use the online DS-260 Immigrant Visa and Alien Registration Application.

Your case will not be scheduled for an interview appointment until a visa number is available, you have submitted a complete and valid DS-260 application for each family member, and you have provided copies of all required documentation to the Kentucky Consular Center （KCC）. You will receive document submission instructions by e-mail after KCC processes and accepts the DS-260 application forms for you and any accompanying family members. If you are scheduled for an interview, you will receive an e-mail notification message. These important e-mails will be sent to the email address you provided on your initial application. Notify KCC at KCCDV@state.gov if your e-mail address changes to ensure you receive all notifications regarding your Diversity Visa case.

If you need to contact the Kentucky Consular Center （KCC） about your case, you may write to KCCDV@state.gov. When writing to KCC, you must always include your name and case number as they appear below. You must also include your complete date of birth as stated on your original entry. You may call the Kentucky Consular Center at （+1） 606-526-7500 between 7： 30am and 4：00pm EST.

Case Number： 2020AS00025xxx

Principal Applicant Name： xxxxx, xxx xxx

Preference Category： DV DIVERSITY

Foreign State Chargeability： TAIWAN

Post： TAIPEI

CHAPTER 5

★ ★ ★ ★ ★ ★ 中籤之後

在查詢結果確認自己被幸運抽中 DV 樂透之後，全家人應該找一間燈光美氣氛佳的餐廳，共享一份豐盛晚餐，並告知家庭成員這個消息。然後接下來就是另一段時間的準備與等待了

中籤後要做的事

1. 判斷自己案件編號的相對低中高

2. 估算可能面試的月分

3. 推估 DS-260 遞送的月分

4. 填寫完成 DS-260 表並線上遞出

5. 準備要 mail 的「必要文件」，在被 KCC 要求之後以 mail 遞出

------- **申請人必須先完成第 4. 與第 5. 這二項文件的遞交，**

------- **KCC 才會開始正式處理有關安排面試時間的程序**

6. Visa Bulletin 上看到自己的 Case Number is CURRENT

7. 收到 AIT 寄來的面試日期通知函（2NL）

8. 準備面試所需的文件

9. 安排體檢、打疫苗

10. 帶著萬全準備與輕鬆心情去 AIT 面試

11. 收到 AIT 寄來完成移民簽證的護照信封

12. 以體檢日期起算，6 個月內完成入境美國

當然，這中間還會有一些私人的事務要規劃與安排，例如：小孩的就學問題、自己的工作安排、全家的財務規劃，赴美之後居住的州別、居留期間的工作……。由於這些是因人不同的答案，就不在本書討論的範圍之內了。不過筆者會就個人的經歷，寫出我個人的一些考慮與做法給你參考；當然最好的是，你可以與一些已經定居美國的親戚或朋友聊聊，獲得的答案可能更理想。

▪️◆ |判斷我的籤位如何|

在中籤畫面上，有一組案件編號（Case Number），這個就是你的籤位。

以筆者為例，我的 Case Number 是：2020AS00025xxx

它的代表的含意是：

2020：DV2020 年度的案件編號，

AS：亞洲地區的案件編號

000：虛碼，不用理會

25xxx：第 25000 多號（著實不小的一個號碼）

究竟自己抽中的是「上上籤」、「中中籤」、還是「下下籤」，這是接下來我們要明白的第一件事。別忘了，中籤不表示一定可以排到面試；排到面試也不一定就能拿到移民簽。這些都是有變數的，都是「不保證的」（Not Guarantee）。而本書的目的，就是希望讓這些變數盡量降低對你的影響，進而能順利的取得美國移民簽證。

首先要先「判斷」自己的 Case Number 相對位置是低、中、高。

是的，只能判斷，還不一定準確，而且是「相對」的低中高。

但在判斷之前，你必須先明瞭整個 DV 樂透的中籤與運作方式，才有可能自己判斷你的相對位置。

在解釋整個DV運作前，要先定義好幾個名詞，以方便後面的說明：

主申請人（Primary Entrant 或 Principal Applicant）

→當初填寫登錄時的主申請人，也就是必須符合 KCC 規定的出生地與學歷要求的那一位申請人。（只有主申請人必須滿足資格要求）

衍生家屬（Derivatives）

→主申請人的配偶及未滿 21 歲的未婚子女。也就是有資格與主申請人一起辦理移民的家屬。

申請人（Applicants）

→前述主申請人與衍生家屬的統稱。這二類人都是申請人。在一份原始的登錄申請表中，一位主申請人 + 若干位衍生家屬，合稱 Applicants。

中籤者（Selectee）

如果中籤，指的是一份原始的登錄名單被抽中，這份原始登錄資料中的「所有申請人」都被稱為中籤者（Selectee），所有人共用同一個案件編號（Case Number）。

舉例來看，王先生一家人有：王先生、王太太、女兒 A、兒子 B

王先生以主申請人身分登錄參加 DV 樂透抽籤，被抽中後，

主申請人：王先生　　　　　　　　　　　　　　　　→ 1人

衍生家屬：王太太、女兒 A、兒子 B　　　　　　　→ 3人

申請人：　王先生、王太太、女兒 A、兒子 B　　　→ 4人

中籤者：　王先生、王太太、女兒 A、兒子 B　　　→ 4人

我們以下表來說明，最近四年參與 DV 樂透抽籤的人數，與台灣參與的人數：

	DV 2017	DV 2018	DV 2019	DV2020
主申請人（全球）	12,437,190	14,692,258	14,352,013	14,722,798
總申請人（全球）	19,344,586	23,088,613	22,425,053	23,182,554
中籤者（全球）	83,910	115,968	87,610	83,884
主申請人（TW）	30,763	32,875	（尚未公布）	（尚未公布）
總申請人（TW）	55,825	58,872	（尚未公布）	（尚未公布）
中籤者（TW）	260	318	374	476
估算的 TW 中籤的主申請人	167	202	243	309
估算的中籤率	千分之 4.3	千分之 5.0	千分之 3.9	千分之 3.6
DV 發放的簽證數	50,000	50,000	50,000	54,650

（資料來源：travel.state.gov 美國國務院領事事務局官方網站）

從上表中的數據中，有四件事要說明的：

第一，我們看到上表中，DV2020 的中籤者（Selectee）有 83,884 人。請注意，這是包含了主申請人與其衍生家屬的總人數。例如，我家被抽中的那份申請表中，一共有 4 個申請人（Applicants），我、我配偶、2 個女兒。當這份申請表幸運被抽中之後，就會產生 4 個 Selectee。也就是我們 4 人佔了那 83,884 中的 4 個名額。

第二，從數字看，DV2018 的中籤率比 DV2017 的中籤率高一點。

主要的原因是因為，DV2018 抽出的 Selectee 高達 115,968 人，比 DV2017 的 83,910 要多出許多，所以看中籤率，自然就高了。

但是，不管本年度抽出的中籤者有多少人，可分配的移民簽證總額都是只有 50,000 個。換言之，DV2018 的中籤者，將會有一部分中籤者，很有可能因為案件編號（Case Number）比自己小的中籤者已經用完了 50,000 個 DV Visa 的額度，而排不到面試的機會（後面會看到 Visa Bulletin，屆時再用真實的數字來說明。DV2018 的確有很多的遺珠之憾）。所以要了解的一件事：中籤不一定能取得移民簽證。

第三，只有 50,000 的名額，DV2017 抽出 83,910 個中籤者，所以只要我的案件編號（Case Number）不是排在前面的，基本上就有可能空歡喜一場。這個說法也是不正確的。以過往年度的例子來看，83,910 位中籤者，幾乎確定不會用完 50,000 個額度的，每位中籤者都會有機會排到面試的。也就是說，DV 樂透面試的核准率，是低於 60% 的；換句話說，每年至少有 40% 的中籤者是沒有參加面試，或是在面試時被 Refused 的。

因為 DV 樂透移民是門檻（條件）最低的移民，相對移民官的審核就是門檻最高的標準。像是照片是否合於規格的問題，如果你是申請 F1（學生簽證）或 B1/B2（商務／觀光／探親／醫療簽證），照片不合，移民官會要你到 AIT 外面信義路上的照相館重照一張再來（現在 AIT 搬到內湖了，大樓內自己就有拍照的服務了）；但如果是 DV 移民簽證，就會直接蓋上一個「Denied」拒簽，完全沒有補救的機會。

被 Refused 的原因非常多，例如：登錄時的資料不完整（未將所有「有資格」的家人資料列入）、登錄資料造假、登錄照片不合規定（用了舊照、錯置了申請人的照片）、未達參加條件的基本要求（至少高中畢業）、中籤後的程序未完成、無法提供合法的必要文件……等等。所以也有人說，DV 樂透的移民簽證是全世界成功率最低的簽證，千分之 4 的機會被抽中，十分之 6 的機會通過，能一路走下來成功取得簽證的機率只有千分之 2.4。

本書的主要目的，就是希望你能避免失誤，導致面試時被 Refused；亦或是確定自己會被 Refused，如何讓被拒簽之後的後遺症減到最小。希望你在看完本書之後，能對你有所助益。

其實近幾年來，DV 樂透的 50,000-55,000 個簽證額度都沒有完全用完。主要的原因有很多：拒簽率增加；川普旅遊禁令影響；還有就是中籤者不了解後續作業程序，排號前面的人延誤了面試的時間，以致排號後面的中籤人無法在 9 月 30 日前被排進面試名單。

第四，為什麼 DV2020 的發放簽證總數變成：54,650 ？其實 DV 樂透的可發放簽證數量，是與另一項的移民政策 The Nicaraguan and Central American Relief Act （NACARA，尼加拉瓜與中美洲救濟法案）共同使用 55,000 個移民簽證額度。而一般狀況下，NACARA 使用 5,000 個，DV 樂透使用 50,000。不過近年來一直有傳言指出，其實 NACARA 一年根本沒有核准到 5,000 個這麼多。如果真是如此，NACARA 用不完的 Visa 額度，就會轉放到 DV 樂透。所以近年來，幾乎每一個 DV 樂透中籤者，最後都會被排到面試。一般相信，NACARA 轉過來的額度應該至少有 3000～4000 個名額左右，只是這個傳言說法，KCC 一直沒有證實。

但 DV2020，KCC 終於證實了前面的傳言，DV2020 年度由 NACARA 轉過來的名額高達 4,650 個。所以 DV2020 的簽證總發放數量增為 54,650。

⬛◆ |如何判斷籤位|

KCC 每一年透過電腦隨機的方式，抽出中籤者。抽籤時不分地區別，把全世界登錄申請的所有主申請人資料放在一起抽。所以，當某個國家參加登錄抽籤的主申請人愈多，這個國家被抽到的中籤者就愈多。這是最公平的一種抽籤方式。

之後，再將每一年度的中籤者（Selectee），依照主申請人的出生地，分成了 6 個區域，分別是：AF 非洲、EU 歐洲、AS 亞洲、OC 大洋洲、SA 南美洲、NA 北美洲。而給予的 Case Number 也是各洲獨立發放與運作。（換句話說，筆者的 Case Number 是 2020AS00025000；但可能也有另一個在歐洲的中籤者，他的 Case Number 是 2020EU00025000。我們雖都是 25000 號，但彼此完全無關。我的是 AS；他的是 EU）當開始面試時，是各洲各別依 Case Number 排號面試，不同的洲，進程不同，互不相干。所以，我們只需專注在 AS（亞洲）這一區域即可。其他各洲與我們完全無關。**KCC 是以主申請人的「出生地」做為區分洲別的依據，所以假設你是在台灣出生的，目前持非移民簽證在美國求學或工作，如果幸運中籤後，你仍是被分類在「AS 亞洲」。**

了解了 Case Number（以筆者的為例：2020AS00025xxx）中出現的 AS 之後，下面要說明的，是 Case Number 中間的「洞」（Hole）。

◉「洞」（Hole）

根據美國領事事務局所公布的數據，我們得知 DV2020 全球的中籤人數是 83,884 人，那我抽到的 25000 號，是排在什麼位置呢？有沒有機會在 54,650 個名額被用完之前排到面試？

以 DV2020 為例，在年度快結束之前，我們了解到了該年度各個洲別的中籤者的最高號碼，Case Number 如下：

AF 最高的 Case Number　大約是 74,000

EU 最高的 Case Number　大約是 56,000

AS 最高的 Case Number　大約是 32,000

OC 最高的 Case Number　大約是 2,400

SA 最高的 Case Number　大約是 4,000

NA 只有個位數，不予考慮

把這些 Case Number 相加之後大約是 168,400。

可是官方公布的中籤人數是 83,884。這是怎麼回事？到底是 16 萬 8400 人？還是 8 萬 3884 人？

最合理的解釋就是，Case Number 的排序中，有許多的「空號」，也就是一般在 DV 樂透裡所稱的「洞」（Hole）。這些空號的產生原因是什麼，沒有人確實知道。比較合理的推論，可能是有一些被抽中的主申請人，在經過電腦自動比對與審核之後，發現登錄資料有問題、或重覆申請、或照片等不合規定，所以被電腦自動 Disqualified（失格）之後留下的空洞。因為這些顯而易見的失格者，如果也讓他們進入面試程序，到最後還是一樣會被 Refused。但過程中仍必須消耗人力成本來幫他們排定面試程序；同時也會造成來不及為排號較後面的中籤者安排面試，最終導致 50,000 樂透名額年年用不完。因此，「洞」的產生，是讓更多遵守 KCC 規

定的人有機會被抽中，或是幸運被抽中之後有機會面試。所以看起來，應該算是「德政」。

以筆者的 Case Number 為例，2020AS00025000，並不表示排序在我前面的亞洲中籤者有 24,999 位。如果按比例來算，DV2020這一年的「Hole」的密度大約是 50% 左右（官方公布的中籤人數是 83,884，除以各區最大編號的 Case Number 總和 168,400。83884/168400 = 49.8%）。所以筆者認為，排序在我之前的亞洲區中籤者，大概是 12,000-12,500 人左右。

不過問題是，每一年 Hole 的密度都不一樣，在 DV2020 之前，連續幾年的 Hole 密度大約都是 25-30% 左右。而到了 DV2020 突然大增為 50%。合理的推論，應該是 DV2020 這一次的抽籤，KCC 又發明了新的檢核審查的電腦程序，所以讓更多不合規定的參加者被 Disqualified。

而 DV2021，KCC 在登錄申請資料時，又新加了一條規定，必須輸入主申請人的護照編號（這個規定在 DV2020 之前是沒有的，當時是不用輸入主申請人的護照號碼的）。如果前述關於 Hole 的產生推論是正確的話，DV2021 的抽籤結果，Hole 的密度有可能比 50% 更高了。（筆者寫這段敘述時，DV2021 的抽籤結果尚未公布。所以就讓我們拭目以待了）

最後還有一個觀念要明白。以筆者的 Case Number 為例，是 AS00025000，根據前文中筆者個人的判斷，我的前面，應有 12,000-12,500 名中籤者（Selectee）。這裡所說的中籤者（Selectee）是指主申請人 + 衍生家屬的總合人數。

筆者再換另一個角度來說明 Case Number 的 Hole 的觀念：

假設我是主申請人，我家共 4 口人登錄，所以我的那張申請表上登錄的申請人（Applicants）共有 4 個。如果我是第一位被抽中的，我的 Case Number 是：2020AS00000001（我家 4 人共用這一個 Case Number，4 人都一樣）。

那在我後面第二位被抽中的主申請人，他的 Case Number 就是 2020AS00000005。

再假設，第二位被抽中的，他家的申請人（Applicant）有 3 人。

那第三位被抽中的，Case Number 就是 2020AS00000008。

後來，第二位在後續電腦自動查核過程中，被 Disqualified（失格）。

那就產生了 3 個 Holes 了。

那為什麼我們要去判斷自己 Case Number 的相對低、中、高位置？因為知道相對的位置之後，才能判斷可能會排到面試的月分。然後倒推回來，才能確定在什麼時間點遞出 DS-260 的移民申請書。因為一旦遞出 DS-260 移民申請書後，就明白的表示：「你有移民意圖」。後續一旦面試沒排到、或是最後被拒簽，那將來如果你申請非移民簽證（觀光、求學、商務），甚至像一般人赴美所申請的免簽 ESTA，都會有很大的影響了。

也就是說，一定要確定你的 Case Number 會被排到面試時，才去遞交 DS-260。

◆▪ |Visa Bulletin|

在得到你中籤之後的案件編號 Case Number，要如何判斷籤位的低、
中、高呢？

你必須綜合彙整很多相關的資訊，而這些資訊要到該年度的 8 月
中旬左右才能完整。也就是說，你在 5 月分時得知自己抽中 DV
樂透，並且也有了一組案件編號，除非你的案件編號夠小，那我
們可以直接判斷是處在低位水平；其他的狀況，就要再等到 9 月
15 左右，才會有比較明確的答案。

不過在此之前，你要先學會看懂 Visa Bulletin。現在就讓我們一起
學習如何看懂 Visa Bulletin。

**Visa Bulletin（綠卡簽證電子佈告）是由美國國務院領事事務局，
每月 15 日之前定期公告的一份資料（公布的日期規定是在當月的
15 日前，但一般情況都是在 15 日當天才公布。偶爾也會推遲到
17，18 日才公布。）
其內容包含了親屬綠卡申請，工作綠卡申請、投資綠卡申請，以
及我們所關心的 DV 樂透綠卡申請。這些申請的案件中，除了 DV
樂透是透過抽籤來決定面試的先後順序，其他的都是根據當事人
遞出申請文件的日期，來排定面試的先後順序。**

Visa Bulletin 的官方網頁：

https：//travel.state.gov/content/travel/en/legal/visa-law0/visa-bulletin.
html

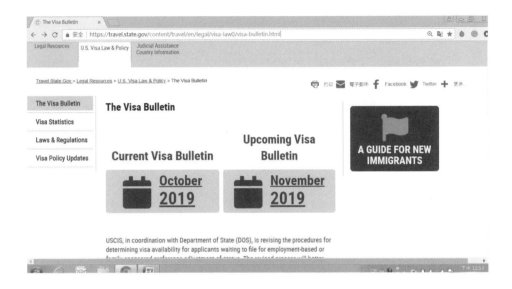

進入網頁之後，會看到最新二期的公告鏈結。

我們點進入 November 2019 的公告內容看一下，

以親屬移民日期表為例，讓我們了解一下所謂的「排期」：

required by first three preferences.

A. FINAL ACTION DATES FOR FAMILY-SPONSORED PREFERENCE CASES

On the chart below, the listing of a date for any class indicates that the class is oversubscribed (see paragraph 1); "C" means current, i.e., numbers are authorized for issuance to all qualified applicants; and "U" means unauthorized, i.e., numbers are not authorized for issuance. (NOTE: Numbers are authorized for issuance only for applicants whose priority date is **earlier** than the final action date listed below.)

Family-Sponsored	All Chargeability Areas Except Those Listed	CHINA-mainland born	INDIA	MEXICO	PHILIPPINES
F1	01MAR13	01MAR13	01MAR13	08AUG97	15SEP08
F2A	C	C	C	C	C
F2B	08JUL14	08JUL14	08JUL14	22AUG98	01OCT08
F3	15OCT07	15OCT07	15OCT07	22FEB96	01JUN98
F4	01JAN07	01JAN07	15OCT04	15DEC97	01SEP98

B. DATES FOR FILING FAMILY-SPONSORED VISA APPLICATIONS

The chart below reflects dates for filing visa applications within a timeframe justifying immediate action in the application process. Applicants for immigrant visas who have

這是 2019.11 月分的 Visa Bulletin，也就是 2019.11 月可以被排到面試的申請人，是之前在哪一天向美國領事事務局提出申請的？

首先，你會看到其中列出了 4 個特別的國家：中國大陸出生者、印度、墨西哥與菲律賓。因為這四個國家是所謂的「移民大戶」，每年移民美國的人數都已超過美國移民法規定的，單一國家最多每年 50,000 名額。所以有一些 Visa 的排期，與其他國家公民所提出的申請案件，排期不同（如果有差異的話，這 4 個地方的人，排期會比較長）。

以上圖來看，F1 Visa 的申請人（美國公民的配偶及子女），在 2013.3.1 之前遞出申請表的，那在 6 年半之後的 2019.11 月，開始面試程序。排期 6 年半。

F2B Visa 的申請人（美國綠卡持有人的 21 歲以上未婚子女），在 2014.7.8 之前遞出申請表的，在 2019.11 月開始面試程序。排期約 5 年。

F3 Visa 的申請人（美國綠卡持有人的已婚子女），排期約 12 年。
F4 Visa 的申請人（美國公民的兄弟姊姊），排期將近 13 年。

其中有一種申請人比較特殊，F2A Visa（綠卡持有人的配偶及 21 歲以下未婚子女），排期內容是「C」。「C」的意思是指「Current」，在 Visa 的排期觀念裡，這個單字很重要，請大家一定要了解它所代表的含義。我把這個單字解釋成「啟動」或是白話一點說：「活了」、「到了」。
當你的申請案件 Not Current，表示它還在排隊等待中、休眠中；當你的申請案件 Is Current，表示已經輪到你可以面試了，你的 Case 已「啟動了」，「活了」，「輪到你了」。
所以，我們看到 F2A Visa 的案件出現 Current，表示：綠卡持有人的配偶與其 21 歲以下的未婚子女，申請移民簽證，不用排期，立刻可有名額。其實，在 2019.6 月之前的 Visa Bulletin，F2A 的排期是 2 年。然後 2019.7 月的 Visa Bulletin，F2A 的排期就取消了，直接顯示「Current」。有傳言指出，因為川普政府想要擬定新的移民法，禁止美國綠卡的持有人為其配偶與子女申請綠卡，以減少所謂「一人綠卡、全家移民」的現象。所以先提前消化完之前已經提出申請的案件。但真實的情況是什麼就不得而知了。

繼續將網頁向下拉，你接著會看到工作移民與投資移民的申請案件的排期。這個部分，除了前文中提到的那 4 個「移民大國」需要排期，大部分的 Visa 都是「Current」，不用排期的。
然後最後面的排期表，就是我們要研究的 DV 樂透排期。找到：
DIVERSITY IMMIGRANT（DV）CATEGORY FOR THE MONTH OF NOVEMBER

每一個新年度 DV 樂透的中籤者，是從公布結果那一年的 10 月 1 日開始排隊面試，直到隔年的 9 月 30 日止。為期整整一年。如果因為某些原因，在隔年的 9 月 30 日前仍無法取得簽證，就一律失效。

如果你的案件在 9 月 30 日前未能被核准，一旦到了 10 月 1 日以後，任何國家的任何一位美國移民官員，都沒有資格在任何條件與情況下，核發上年度 DV 樂透的簽證。

我們就先從 DV2020 的首月（就是 2019 年的 10 月）Visa Bulletin 來開始看：

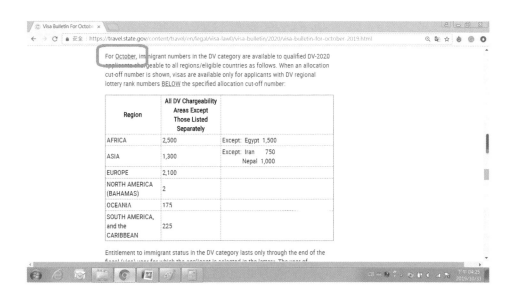

從上圖可看到各個洲別當月的 Cut-off Number（截止案件編號），以亞洲 ASIA 為例，Cut-off Number 是 1,300。也就是說，DV2020 的中籤者，亞洲地區者，案件編號（Case Number）小於等於 1,299 號者，將會在 10 月 1 日起開始面試。

但亞洲區有一個備註欄位，裡面註明了：

Iran（伊朗）750，

Nepal（尼泊爾）1,000

這表示，雖然亞洲地區 10 月開始面試的案件編號是 <=1,299，但如果你是伊朗出生的中籤者，案件編號必須要 <=749 號，尼泊爾出生的中籤者，案件編號必須要 <=999 號，才能開始面試。

原因是因為，這二個亞洲地區的國家，每年有百萬以上的人參加 DV 樂透抽籤，幾乎已是全民運動了。因為參與的申請人多，相對被抽中的機率也就高了。所以每一年，這二個國家都有超過 5,000 以上的人中籤。但 DV 的法律規定，單一國家單一年度的總核發件數，不得超過 DV 單年總額的 7%。50,000 x 7% = 3,500。也就是 3,500 人。所以為了避免這二個國家超過 3,500 名之後的中籤者，在核發件數已滿的情況下仍被面試，造成無謂的混亂。所以 KCC 在 2015 年之後，將它們的案件編號獨立出來單獨作業。

而圖中非洲地區的 Egypt（埃及）也是同樣的情況。

不過這種獨立作業的案件編號，並非每一年都是固定的這 3 個國家。KCC 會根據當年的抽籤結果，當發現某一國家的中籤者超過 3,500 以上，就有可能將其列在後面的備註欄裡。

舉個實例說明：假設你中籤了，案件編號是：2020AS00001200。如果你是台灣出生的，那就可以排到 10 月面試；但如果你是伊朗或尼泊爾出生的，就不行在 10 月面試。（但 11 月仍然有機會排到的）

接下來，我們再看一下 2019.11 月的 Visa Bulletin

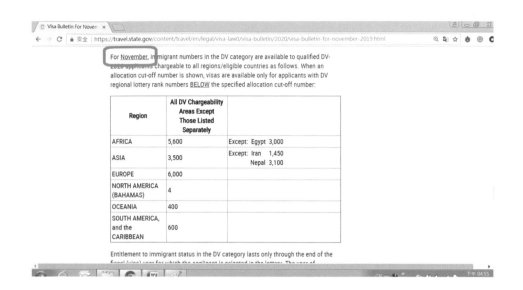

從 11 月分的 Visa Bulletin 看到，亞洲地區的案件編號前推到 3,500，
而伊朗與尼泊爾也同步向前推進到 1,450 與 3,100。

最後一點說明，Visa Bulletin 會在每個月的 15 日之前公布，文中會
列出下個月的移民簽證排期。但 DV 樂透因為相較其他種類的移
民申請，有一些資料的準備期與體檢的安排，需要耗費比較長的
時間準備。所以一般 DV 會公布下二個月的 Cut-off Number。所以
2019.10 月的 Cut-off Number 是在 2019.8.15 就公布的。也就是當你
確定知道可以排到面試的日期時，你至少會有 1 個半 -2 個月的時
間來安排面試時要準備的資料。

🔑 彙整的 Visa Bulletin

美國領事事務局每月所公布的 Visa Bulletin，最多只能看到前後月分的 Cut-off Number，無法得知整體的比較狀況。因此有熱心的網友，將歷年來 DV 樂透的 Cut-off Number 依地區與月分，彙整成一份完整的表格。從這份彙整的表格中，我們就可以看出許多資訊了，進而「判斷」出自己的 Case Number 可能排到面試的月分。

這是歷年來 DV 樂透的彙整 Visa Bulletin 網路鏈結：
https：//docs.zoho.com/sheet/riphone.do?rid=xmy6ue226758a2abd4068b3b9de3c988cbea1
下圖是筆者截取，DV 樂透抽籤，自 2014 年以來，歐洲、非洲與亞洲三個地區的 Visa Bulletin Cut-off Number：

Europe 歐洲

Historical Visa Bulletin

Europe | Africa | Asia | South America | Oceania

	2020	2019	2018	2017	2016	2015	2014
Oct	2100	2000	2600	8500	9150	8500	8000
Nov	6000	4400	4500	13000	12500	9900	9800
Dec	8600	6600	6000	14000	14000	11600	12500
Jan		8800	8200	15900	16425	16000	13200
Feb		10000	10700	18000	19100	20500	16700
Mar		13500	13800	19300	20800	24000	20050
Apr		18500	15950	22100	24500	28450	25400
May		21900	18050	Current	28000 (C)	30300	30700
Jun		26800	20300	Current	34000 (C)	34125	32950
Jul		Current	21900	Current	Current	35700	36300
Aug		Current	23325	Current	Current	39750	40150
Sep		Current	25775	Current	Current	43050	40150
					(C) means defacto current		

AFrica 非洲

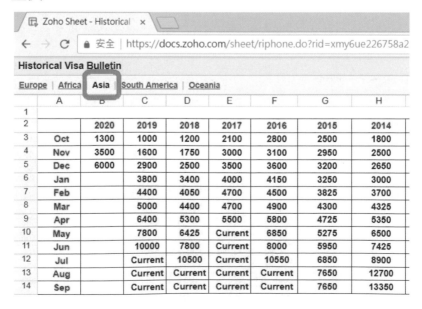

Historical Visa Bulletin

Europe | **Africa** | Asia | South America | Oceania

	2020	2019	2018	2017	2016	2015	2014
Oct	2500	2750	8500	8000	9100	8000	7500
Nov	5600	6400	8600	13500	13000	14200	13000
Dec	12000	9800	10000	20400	14500	17000	17900
Jan		13100	13000	25800	15500	21000	19400
Feb		13800	14300	28700	17200	26000	21750
Mar		15300	17700	28700	18700	27800	25000
Apr		18900	21100	34900	23800	30700	30000
May		24500	24800	Current	28300	32700	37900
Jun		37200	28300	Current	34400	34150	45600
Jul		Current	38000	Current	43825	36500	56300
Aug		Current	Current	Current	Current	44250	69300
Sep		Current	39500	Current	Current	50000	81100

Asia 亞洲

Historical Visa Bulletin

Europe | Africa | **Asia** | South America | Oceania

	2020	2019	2018	2017	2016	2015	2014
Oct	1300	1000	1200	2100	2800	2500	1800
Nov	3500	1600	1750	3000	3100	2950	2500
Dec	6000	2900	2500	3500	3600	3200	2650
Jan		3800	3400	4000	4150	3250	3000
Feb		4400	4050	4700	4500	3825	3700
Mar		5000	4400	4700	4900	4300	4325
Apr		6400	5300	5500	5800	4725	5350
May		7800	6425	Current	6850	5275	6500
Jun		10000	7800	Current	8000	5950	7425
Jul		Current	10500	Current	10550	6850	8900
Aug		Current	Current	Current	Current	7650	12700
Sep		Current	Current	Current	Current	7650	13350

在這三份彙整 VB 中，你會發現那個熟悉又重要的單字「Current」再度出現。但在這裡，它代表的又是什麼意思呢？

DV Visa Bulletin 中的 Current，代表的意思是：美國領事事務局推估，從某個月分之後，某個地區（6 洲各別處理）他們手中尚餘留可用的 DV 移民簽證數量，「應該」可以滿足該地區（洲）後面所有 Case Number 的中籤者所需，所以從該月分開始，不再設定 Cut-off Number。也就是說，從該月分開始，該洲的所有 Case Number「都有機會」在當年 9 月 30 日前排到面試。
但還是要請你注意，出現「Current」只是表示，美國領務局認為今年度的 Visa 夠用，所以不用設限 Cut-off Number。但中籤者還是得依照你的 Case Number 排號面試。不過不設限 Cut-off Number 並不保證你就一定能排到面試的機會，例如你參加面試的國家有太多中籤者要面試，當地的美國領事館不見得有足夠的時間在 9 月 30 日前能全數排入面試；並且面試也不保證你就一定會被核准。
但總歸而言，一旦 Visa Bulletin 上出現「Current」，對該地區的中籤者而言，還是一個天大的喜訊。至少對那些 Case Number 是後段班的中籤者而言是一次正面的機會。

讓我們再回頭看一下 EU 歐洲的 Visa Bulletin。EU 在 DV2014, DV2015 與 DV2018 這幾年，最後一個月分都還有 Cut-off Number。也就是說，2014EU00040150，2015EU00043050 與 2018EU00025775 之後的所有中籤者都沒有機會面試了。
我們也會發現一件事，DC2016 - DV2019 這幾年，大部分的地區，後面都出現了「Current」。表示應該所有的中籤者都有機會面試了。

但在 2018 年，EU 與 AF 又再次出現了 Cut-off Number，這是怎麼回事呢？讀者是否還有印象，本書前文中有提到，DV2018 的中籤人數是 115,968。當時也曾提及，因為該年度抽出的中籤人數太多了，所以可能會有遺珠之憾。事後從 Visa Bulletin 來看，事實確實如此。因為 DV2018 的中籤人數太多了，導致 DV 的簽證數 50,000 份不夠用了，所以到該會計年度的最後一個月（9 月），仍有設限 Cut-off Number。

那眼尖的讀者也許又會發現一個問題：筆者說 DV2018 的簽證數不夠用，那為什麼 AS 亞洲卻在 8 月分竟然出現了令人驚喜的「Current」。

這個問題的答案，說起來是要感謝川普總統了。川普總統在 2017 年頒布了一個旅遊禁令（Travel Ban），硬性限制若干非洲與西亞中東地區的國民（大部分是穆斯林國家），禁止入境美國。而與 DV 樂透有關的旅遊禁令，截至 2019 年，共有 6 個國家：

非洲：Libya（利比亞）、Somalia（索馬利亞）

亞洲：North Korea（北韓）、Iran（伊朗）、Syria（敘利亞）、Yemen（葉門）

這 6 個國家的國民，是被禁止透過 DV 樂透簽證進入美國。

後記補充（2020.2 月）：

川普總統又下令新增加了 6 個 Travel Ban 的國家：

亞洲：Burma（緬甸）、Kyrgyzstan（吉爾吉斯斯坦）

非洲：Sudan（蘇丹）、Tanzania（坦尚尼亞）、Eritrea（厄利垂亞）、Nigeria（奈及利亞）

後記補充（2021.1 月）：拜登已取消前述穆斯林國家的旅遊禁令。

再回到前文 DV 樂透簽證的說明。

當每一年度 DV 樂透電腦抽籤結束後，會依主申請人的出生地，將中籤者歸到一共有 6 個洲別的分類中，並依抽出的先後順序附予一個案件編號（案件編號是各區獨立發放運作的）。同時，也會依照每一個地區當年所抽出來的中籤者人數，按比例分配 DV 樂透的 50,000 個簽證。

舉例來說，如果 DV2018，AS 亞洲區共抽出 10,000 個中籤者，KCC 依照其他各洲的中籤者比例，分給了亞洲區 6,000 個 DV2018 樂透移民簽證。但是，AS 亞洲所抽出的這 10,000 位中籤者之中，其中有 4,000 人是來自 Iran（伊朗）與其他三個被限制入境的國家，這些中籤者在面試之後，大部分是被 Refused 的（因為旅遊禁令）。因此 KCC 所分配的 6,000 個名額到了 5 月時大致確認是用不完的，於是在領事事務局 6 月分公布的 DV Visa Bulletin 上，就出現了「Current」。代表 DV2018 亞洲區的中籤者，全部有機會開始被安排面試。事實上以 DV2020 為例，伊朗與尼泊爾的中籤人數佔了全亞洲區的中籤人數的 49%。可見這二個國家的國民是多麼熱衷 DV 樂透抽籤移民美國了。

從前圖中，可以看到亞洲近幾年來，最後都是「Current」，主要的原因還是因為川普總統的旅遊禁令（Travel Ban）。

不過，日後 KCC 是否會因此而調整減少分配給亞洲地區的 Visa 配額，我們無法得知。但只要川普總統的旅遊禁令還存在，對亞洲的中籤者而言，都還是正面的一件事。

也許會有人奇怪，既然有旅遊禁令的限制，中了籤也去不了美國，為什麼伊朗的人還那麼熱衷參加 DV 樂透抽籤。原因有二個：第 1，

他們認為旅遊禁令隨時有可能會被廢止，那他們就可以取得移民簽證了。第 2，如果中籤人雖然在伊朗出生，但如果持有他國護照、或是目前人已經在美國境內，那麼旅遊禁令是不限制的（旅遊禁令是限制持伊朗護照的人申請簽證入境美國）。

◼◻◻◻ | 判斷你的案件編號 |

前文對 Visa Bulletin 做了詳細的說明，希望讀者們能確認明瞭 VB 上面每一個數字所代表的涵義。如果還不是十分明白，請再翻回前文的敘述，把第 5 章再重新讀一遍。務必要對 Visa Bulletin 上面的每一個數字瞭解清楚。

因為接下來，你要自己根據你對 Visa Bulletin 的理解，來判斷你排到面試的時間。

首先，當你從美國領事事務局的官網上得知自己幸運被抽中了 DV 樂透，同時也有一個案件編號（Case Number）。接下來第一件事，就是要瞭解自己的 Case Number 位置是低、中、高位。

如果你的案件編號屬於低水位的，那麼很可能排到面試的時間是在當年的前 3 個月（5 月公布中籤結果，10 月 1 日開始面試。前 3 個月就是當年的 10，11，12 這三個月）。由於 KCC 對每一案件的準備時間大約是 3-4 個月，所以 10-12 月的面試案件，你必須在 7-9 月之前就完成個人及一起移民的家屬成員（如果有的話）的所有文件準備。所以時間會有一點緊，必需加快後續的作業工作。這一點是要特別注意的。

不過如果你的文件準備，來不及在 7-9 月完成也沒關係，因為你的案件編號夠小，有絕對的優先權。晚一點投遞所需文件，只不過

延後你的面試時間而已；並不會影響你面試的權利（不過是會擠壓到你後面的 Case Nmber 那些中籤者，他們被安排面試的時間）。因為你的優先順序，永遠排在那些案件編號比你大的人前面。所以你也可以利用延遲遞交文件，來控制你被安排面試的時間（如果你不想那麼快就飛美國，想把一些規劃先做好，再從容不迫的移民美國）。不過請切記，每一年的 DV 樂透移民簽證的發放是有期限的，就是 9 月 30 日。在這之前如果不能完成面試，你的中籤權利就自然「失效」了。沒有任何的例外，一旦時間過了 9 月 30 日，就不再發放當年的 DV 樂透簽證了。故所需文件最遲的遞交時間是中籤公布後的次年 5 月，然後在 8 或 9 月排到面試。

那麼多大的案件編號（Case Number）才算低水位？這個就沒有一定的答案了。

以過往這幾年的 VB 來看，在 DV2019 之前，大約是 AS3000 以內的案件編號是低水位；但 DV2020 則變成 AS6000 號了。這是因為每一年"Hole"的密度不同。

所以如果你的 Case Number 在 4000 ~ 5000 以內的，大致上就可以算是低水位的上上籤了。

如果你的 Case Number 大於 5000 號，那就比較沒有時間上的緊迫性，可以按步就班的完成後續的步驟，依照 KCC 排定的時間進程，遞交 DS-260 表與必要文件，然後面試。

筆者以自己的例子來說明，如何判斷籤位的中、高、極高：
2019.5 月得知中籤，Case Number 為：2020AS00025000
上網找到了過往的 Visa Bulletin 資料，亞洲地區在 2019.5 月時的

Cut-off Number 如下圖：

Historical Visa Bulletin

Europe | Africa | **Asia** | South America | Oceania

	A	B	C	D	E	F	G	H
1								
2		2020	2019	2018	2017	2016	2015	2014
3	Oct		1000	1200	2100	2800	2500	1800
4	Nov		1600	1750	3000	3100	2950	2500
5	Dec		2900	2500	3500	3600	3200	2650
6	Jan		3800	3400	4000	4150	3250	3000
7	Feb		4400	4050	4700	4500	3825	3700
8	Mar		5000	4400	4700	4900	4300	4325
9	Apr		6400	5300	5500	5800	4725	5350
10	May		7800	6425	Current	6850	5275	6500
11	Jun		10000	7800	Current	8000	5950	7425
12	Jul		Current	10500	Current	10550	6850	8900
13	Aug			Current	Current	Current	7650	12700
14	Sep			Current	Current	Current	7650	13350

天啊～～之前的 Case Number 都只有 10,000 多號，我的是 25,000 號，是超過天花板高度的極極高位置啊。

再從網路上找到過往 3 年，亞洲區最大的 Case Number 大約是：

DV2017 →　　9,200

DV2018 →　　13.400

DV2019 →　　15,000

（筆者是從 https：//dvcharts.xarthisius.xyz/ 這個網站中找到過往的最大 Case Number。這是一個之前透過 DV 樂透移民美國的電腦工程師所開發的網頁。他透過每年一部分中籤者的同意，在他們的電腦中安裝一個小插件，藉以紀錄這些中籤者的一些個人資料，從而建立了這個網頁的資訊內容。）

（後記：在 DV2020 開始，這個網站的創立者，使用付費的方式向美國官方取得了 CEAC 的資料使用權，所以已不需要透過中籤者的電腦插件來獲取資料了）

於是筆者得出了一個結論，今年如此大號的原因可能有二：

1. 今年抽出的中籤者遠較過往幾年多了許多許多。或是

2. 今年 KCC 的電腦又找到了新的檢核方法，所以 Case Number 之間的洞洞（Holes）多了許多。

結論→希望是第 2 個原因。

但在沒有進一步的數據之前，除了等待，也沒有其他的辦法。

我們把已知過往 3 年的最大 Case Number 寫在上圖的 Visa Bulletin 的最下方，方便比較：

Zoho Sheet - Historical ×

← → C 🔒 安全 | https://docs.zoho.com/sheet/riphone.do?rid=xmy6ue226758a2

Historical Visa Bulletin

Europe | Africa | Asia | South America | Oceania

	A	B	C	D	E	F	G	H
1								
2		2020	2019	2018	2017	2016	2015	2014
3	Oct		1000	1200	2100	2800	2500	1800
4	Nov		1600	1750	3000	3100	2950	2500
5	Dec		2900	2500	3500	3600	3200	2650
6	Jan		3800	3400	4000	4150	3250	3000
7	Feb		4400	4050	4700	4500	3825	3700
8	Mar		5000	4400	4700	4900	4300	4325
9	Apr		6400	5300	5500	5800	4725	5350
10	May		7800	6425	Current	6850	5275	6500
11	Jun		10000	7800	Current	8000	5950	7425
12	Jul		Current	10500	Current	10550	6850	8900
13	Aug			Current	Current	Current	7650	12700
14	Sep			Current	Current	Current	7650	13350

15,000 13,400 9,200

如果讀者你也是DV2020的Selectee，你的Case Number分別是：5,000號、10,000號、15,000號，20,000號，請問你可以判斷的出來自己的Case Number是否在「安全範圍」內嗎？

（請注意一件事，當時你只知道自己的案件編號，你並不知道有人抽到20,000號或25,000號。所以你只能以Visa Bulletin網友彙整版來判斷）

2020AS00005000 → 5,000號。從過往歷年的資料來看，這是一定沒有問題的號碼。就是「低水位」的上上籤。

2020AS00010000 → 10,000號。看起來也是在安全範圍內的Case Number，應該也是沒有問題，一定排的到面試的。只是時間可能稍後一點。沒問題，這個算「中水位」的中中籤。

2020AS00015000 → 15,000號。從過往的VB資料看，這個號碼應該是在天花板位置的高度了。很大的可能是排不到面試機會的。落寞的告訴自己，自己抽到的是「高水位」的下下籤，可能只能繼續努力工作存錢了。

2020AS00020000 → 20,000號。這是以往從未出現過的高水位案件編號，會不會是搞錯了（可能是2,000號）？再重新查詢一次，結果還是這個20,000號。於是完全摸不著頭緒，到底是高是低？最後放棄判讀。

2020AS00025000 → 25,000號。這是什麼狀況？怎麼會有25,000，是不是KCC把我錯放到AF非洲去了？失望之餘可千萬別去跳樓啊。筆者就是25,000多號的。

在經過了二個月的等待，2019.7.15，Visa Bulletin公布了DV2020的總中籤總人數是83,884。

E. DIVERSITY VISA LOTTERY 2020 (DV-2020) RESULTS

The Kentucky Consular Center in Williamsburg, Kentucky has registered and notified the winners of the DV-2020 diversity lottery. The diversity lottery was conducted under the terms of section 203(c) of the Immigration and Nationality Act and makes available up to 55,000 permanent resident visas annually to persons from countries with low rates of immigration to the United States. Approximately 83,884 applicants have been registered and notified and may now make an application for an immigrant visa. Since it is likely that some of the persons registered will not pursue their cases to visa issuance, this larger figure should insure that all DV-2020 numbers will be used during fiscal year 2020 (October 1, 2019 until September 30, 2020).

Applicants registered for the DV-2020 program were selected at random from 14,722,798 qualified entries (23,182,554 with derivatives) received during the 34-day application period that ran from noon, Eastern Daylight Time on Wednesday, October 3, 2018, until noon, Eastern Daylight Time on Wednesday, November 6, 2018. The visas have been apportioned among six geographic regions with a maximum of seven percent available to persons born in any single country. During the visa interview, principal applicants must provide proof of a high school education or its equivalent, or show two years of work experience in an occupation that requires at least two years of training or experience within the past five years. Those selected will need to act on their immigrant visa applications quickly. Applicants should follow the instructions in their notification letter and must fully complete the information requested.

了解到 DV2020 的總 Selectee 只有 83,884，因為中籤者並沒有大幅度增加；另外還有 Travel Ban 的關係，所以幾乎可以確定，這一年度應該到後面也會全面「Current」。

（筆者寫這段敘述時，是在 2019.11 月。最後的結果還不得而知）但是因為不知道今年的最大號碼是多少，所以還無法判斷出自己可能面試的時間。案件編號在 15,000 以內的 Selectee，基本上心裡應該很放心，因為應該沒問題，可以排到面試。但抽到 20,000、25,000 號的 Selectee 卻仍不明白，只抽出了 83,884 人，為什麼自己的號碼這麼大。

如果他有看過這本書的話，他就知道，筆者推論的第 2 個原因應該就是答案：DV2020 這一年，KCC 的電腦又找到了新的檢核方法，所以 Case Number 之間的洞洞（Holes）多了許多。

2019.9.15，公布的 Visa Bulletin，告訴我們 DV2020 的總發放簽證數是 54,650。

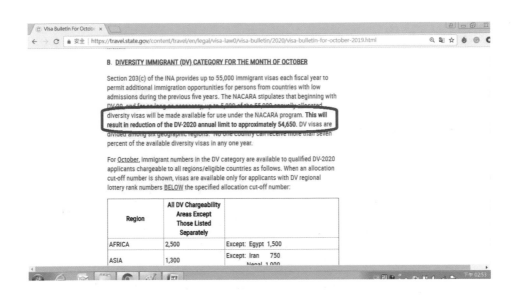

至此，雖然我們還不知道 DV2020 亞洲地區最大的案件編號是幾號，但是因為知道只抽出了 83,884 位 Selectee，所以 DV2020 應該大家都能有機會面試到。（83,884 假設核准率是 60%，那就是 50,334。而 DV2020 共有 54,650 個 DV 名額。所以即使核准率是 65% 也都夠。）

從 5 月時得知自己中籤，到現在 9 月 15 日，已經過去 4 個月了。只差最後一片拼圖，就可以完成案件編號的判讀了。

2019.10.15，12 月 的 DV Visa Bulletin 也 公 布 了，我 們 可 以 看 到 DV2020 前三個月（10 月 -12 月）的全部面試的案件編號了。

（請一定要等到 10-12 月這三個月的全部公布後再來判讀。因為 10 月分，KCC 剛忙完上一年度的作業，加上感恩節在即。所以他們會放慢腳步。只有一次看 10-12 三個月的案件編號量，才會比較準確一點。）

2019.10.15 之後看到的彙整 VB 如下：

	A	B	C	D	E	F	G	H
1								
2		2020	2019	2018	2017	2016	2015	2014
3	Oct	1300	1000	1200	2100	2800	2500	1800
4	Nov	3500	1600	1750	3000	3100	2950	2500
5	Dec	6000	2900	2500	3500	3600	3200	2650
6	Jan		3800	3400	4000	4150	3250	3000
7	Feb		4400	4050	4700	4500	3825	3700
8	Mar		5000	4400	4700	4900	4300	4325
9	Apr		6400	5300	5500	5800	4725	5350
10	May		7800	6425	Current	6850	5275	6500
11	Jun		10000	7800	Current	8000	5950	7425
12	Jul		Current	10500	Current	10550	6850	8900
13	Aug		Current	Current	Current	Current	7650	12700
14	Sep		Current	Current	Current	Current	7650	13350

Historical Visa Bulletin

Europe | Africa | Asia | South America | Oceania

15,000　13,400　9,200

將 DV2020 前 3 個月的 Case Number 與 DV2019 前 3 個月與最大號
來做等比例比較：

2900：15000 [DV2019 的最大號] = 6000 ：[DV2020 的最大號]

如果 KCC 分配的比例每年類似（事實上 DV2018 與 DV2019 還真
的差不多），那 DV2020 最大的 Case Number 大約會是 31,000。（事
後證實，DV2020AS 最大的 Case Number 的確是 31,565）

當有了 DV2020 亞洲區可能的最大案件編號後，我們就來幫 KCC
把後面 9 個月的面試號碼填上去。這樣就大功告成了。

怎麼填？筆者的做法是：假設前三個月與最後二個月，KCC 都會
放慢面試的腳步，所以 DV2020 的最後二個月假設也是 2,000 號／

每個月。

然後把：31000-2000x5 = 21000。這 21,000 號要在剩下的 7 個月作業完畢，所以每月 3,000。

最後，筆者製作出自己判斷的 DV2020-- Visa Bulletin 如下：

2019.10 月　→ 1300

2019.11 月　→ 3500

2019.12 月　→ 6000　→以上 3 個月是真實的 VB

2020.01 月　→ 9000　→以下部分，共 7 個月，每月增加 3000

2020.02 月　→ 12000

2020.03 月　→ 15000

2020.04 月　→ 18000

2020.05 月　→ 21000

2020.06 月　→ 24000

2020.07 月　→ 27000

2020.08 月　→ 29000　→最後 2 個月，每月增加 2000

2020.09 月　→ 31000

如果以這一份預估的 VB 時間表看，DV2020 的案件編號水位

Case Number<=6000　　→低

Case Number<=24000　→中

Case Number>=24000　→高

Case Number =30000　→極高

筆者的這一份預估的 Visa Bulletin，是基於 DV2020 的中籤者有 83,884。這樣的數字，加上旅遊禁令（Travel Ban）的實施中，所以

筆者預估 DV2020 的 AS 亞洲區，也將會如同前幾年一樣，最後進入「Current」，全數開放。

如果你參加的那一年，出現了超額的中籤人數，那你必須以 85,000 做為分界線，重新按比例算出 Cut-off Number。再以 Cut-off Number 為最大案件編號，來預估前面的那個 VB 表。

當然最後的結果可能與真實情況會有落差，但不管如何，這張表可以為自己提供一個大約可能排到面試的時間點。有了這個時間點，接下來我們才知道何時要開始送出 DS-260 等資料。

不過實際上因為亞洲 AS 地區裡有二個「大戶人家」，Iran（伊朗）與 Nepal（尼泊爾）。這二個國家每年都有近佰萬的人參加 DV 樂透，所以抽中的人數可能高達 4,5 千人以上。但是 DV 樂透有規定，單一國家每年被核發的 VISAs 不能超過全部數量的 7%，也就是大約 3,500。所以 KCC 的電腦會把大約超過 4,000 左右之後，這二個國家的中籤者自動 Disqualification。這樣一來，就會造成 AS 的 Case Number 在過了中段之後，「Hole」的數量大增，而實際的中籤者就相對變少了。

意思是說，2020AS0001 ～ 2020AS1000 的這 1,000 個號碼中，真實的中籤者約有 500 個；但 2020AS15,000 ～ 2020AS16,000 這 1,000 個號碼中，真正的中籤者只有 250 個左右了。

也就是說，在 AS 地區，Case Number 中段以後的部分，「Hole」的密度變大，案件的密度變小。所以面試安排的進度，真實的情況並不會按照我們前面所推算的那種「線性」來分配。而是前段的 VB 的 Case Number 進度會比後段要慢。

不過如果依照我們的線性推算來遞交 DS-260 與「必要文件」,只會早不會晚,所以筆者還是使用了線性分配來估算 Case Number 的進度。

◆◆ | 時間表 |

讓我們再把截至目前為止，DV 樂透過程的時間表復習一下：

1. 當年 10 月初－ 11 初：KCC 開放網路登錄申請，為期約 1 個月的時間

2. 次年 5 月初－再次年 9 月 30 日：開放網路查詢中籤結果

3. 次年 7 月中：VB 上會公布當年度的總中籤人數。這是一個相當重要的數字，可以據此判斷出自己 Case Number 的相對位置

4. 次年 9 月中：VB 上會公布今年度將發放的 DV 簽證總數。一般會是在 50,000-55,000 之間。

5. 次年 10 月 1 日－再次年 9 月 30 日：開始面試。為期 1 年的時間。

6. 次年 10 月中：VB 會公布 12 月分的面試案件編號。最後一片拼圖完成。找出自己的 Case Number 可能的面試月分。

■■| 常見問題 |

Q. Case Number 至少會有 3 個 0，這個有什麼意義嗎？

A. 這也是一個沒人知道答案的問題。到目前為止，KCC 電腦抽出
的中籤者，案件編號最大的也是只有到「萬位數」，基本上不
可能用到前面的那 3 位數。

不過在需要用到這組 Case Number 時，有的時候 KCC 會要求你
要用全碼填寫，像是：2020AS00025000 或 2020AS00001234，一
共是 8 個數字；有的時候它又要求你填寫時，要省略前面的 0，
像是：2020AS25000 或 2020AS1234。所以我唯一可以猜測，這
些 0，是 KCC 來測試中籤者是否有仔細看他們所列出的說明，
並確定中籤者會依照他們的指示來填寫資料。因為如果該填 0
而你沒填；或是不該填 0 而你填了，你的資料都將不會被接受的。

Q. 每年中籤者（Selectee）總人數，大概多少位，會是安全門檻？

A. 以近幾年的數字來看，只要川普總統的旅遊禁令還維持的情況
下，筆者認為總中籤者在 90,000 以下，都還算是安全門檻。如
果超過 90,000，甚至到了 100,000 人，那就是 Over Selected，超
額了。就會有一些地區會出現 Cut-off Number。

不過近幾年，我們實際上看到，每年給 DV 的簽證額度 50,000 個，
其實都沒有被用完。沒有用完的原因有很多，其中比較特別的
一個是，因為排號較前的中籤者，延後了他們的申請程序時間，
導致他們面試的時間被遞延到後面的月分，因此排擠到原本應

該在當月排到面試的中籤者。於是就像波浪舞一樣,結果把原本可以在 9 月分排到面試的申請人,推擠出隊伍(DV 每年最後一個面試日期是 9 月 30 日),最終導致預留給這些排號較後面的中籤者的簽證名額無法發出。

Q.主申請人如果中籤後不幸過世,其他同行的衍生家屬可否繼續後續的程序,參加面試?

A.不行。如果在中籤之後,尚未完成面試取得移民簽證並入境美國之前,主申請人不幸過世,因為整個過程都是以主申請人為中心辦理的,一旦主申請人過世,此案件就會立刻自動終止。

如果主申請人與其衍生家屬已順利入境美國,並啟動實體綠卡發放程序之後,因為主申請人與各同行家屬已為獨立個體,所以即使主申請人不幸過世,也不會影響其他家人取得實體綠卡的程序。

★ ★ ★ ★ ★ ★ ★ DS-260

CHAPTER 6

中籤後要做的事

1. 判斷自己案件編號的相對低中高 →已完成
2. 估算可能面試的月分 →已完成
3. 推估 DS-260 遞送的月分
4. 填寫完成 DS-260 表並線上遞出
5. 準備要 mail 的必要文件，在被 KCC 要求之後以 mail 遞出

--------- **申請人必須先完成第 4. 與第 5. 這二項文件的遞交，**

-------- **KCC 才會開始正式處理有關安排面試時間的程序**

6 .Visa Bulletin 上看到自己的 Case Number is CURRENT
7. 收到 AIT 寄來的面試日期通知函（2NL）
8. 準備面試所需的文件
9. 安排體檢、打疫苗
10. 帶著萬全準備與輕鬆心情去 AIT 面試
11. 收到 AIT 寄來完成移民簽證的護照信封
12. 以體檢日期起算，6 個月內完成入境美國

DV 樂透中籤之後，並不是就已取得移民美國的身分。

還必須要在美國駐外的使領館，面對移民官，通過面試程序之後，
才能取得移民美國的資格（簽證）。

但並非所有的中籤者都能順利參加面試。你中籤之後，還要滿足 3
個條件之後，KCC 才會開始依照你的現居地，排定面試的時間。

這 3 個必要條件是：

(1) 填寫完成 DS-260 表，並成功線上遞交。

(2) 掃描並以 mail 遞交 KCC 要求的「必要文件」（Required Documents）

(3) Case Number is CURRENT

一定要這 3 個條件都滿足（完成），KCC 才會安排你正式面試的日期。

什麼是 DS-260

DS-260 表是所有住在美國境外，想要申請美國移民簽證（綠卡身分）的人都必須線上填寫的一份申請表。其主要的內容為詳細的個人資料、過往的學經歷、過往的生活搬遷、以及有哪些要與主申請人同時移民的人等內容。

關於 DS-260 的幾個基本觀念：

第一、DS-260 一定是在電腦上線上填寫，沒有紙本填寫的項目。

第二、DS-260 有線上儲存的功能。也就是說，你可以分多次慢慢
　　　填寫，每次填寫告一段落後，可以線上存檔，下次再繼續。

第三、在你沒有按下最終的「Submit」鍵，美國領事事務局雖有
　　　線上存檔，但不表示你已填寫。直到你「Submit」遞出之後，
　　　才算完成。而此時，<u>你在美國領事事務局的紀錄裡，就是
　　　已經建立了「移民意圖」（Immigration Intention）</u>。

第四、DS-260 申請表一旦遞出之後，也是無法撤回的。但可以修
　　　改內容。

第五、凡列於主申請人 DS-260 表中的隨同移民家屬，每人都要另
　　　填一份自己的 DS-260 表。（他們也是有「移民意圖」的）。

第六、無意願移民的家屬，「不用」填寫 DS-260。

第七、DS-260 在「Submit」之後，是可以接受填寫人暫時解鎖
　　　（Unlock）修改的。但是一旦 KCC 排定面試時間後，就不
　　　允許再解鎖修改內容。

第八、填寫 DS-260 表時，請務必要「說實話」。

第九、DS-260 遞出之後，並不是早交的申請人就會提早被安排面
　　　試。你的面試日期是由你的 Case Number 排隊決定的。

因為所有想要申請移民簽證的外國人都必須填寫 DS-260 表，所以
它並不是專門為了 DV 樂透中籤者所特別設計的。但是，DV 樂透
的移民申請人與一般綠卡移民申請人（例如：親屬移民、工作移民、
投資移民等）的申請背景並不完全相同。所以在 DS-260 表的內容
上也略有不同。

建議讀者依本書內容，在開始上線填寫 DS-260 表之前，先了解
DS-260 有哪些內容要填？收集好所有相關需要的資料；然後再將
本章後面所附的 DV-DS-260 的空白表格影印出來，先以書面的方
式試填完成。最後再上線輸入。

💡 推算要遞出 DS-260 的時間

前文中有提到，一旦你遞出了 DS-260 表，就表示你與你的家人已
經建立了「移民美國的意圖」。有了這個紀錄，它將會影響你與
家人日後申請「非移民簽證」的可能。舉例來說，你在近期有到
美國洽商、旅遊的可能，需要簽一份 B1/B2 Visa；或是兒女正在申
請美國的大學／研究所入學，一旦拿到 I-20 之後，需要去簽一份
F1 Visa。類似這樣的非移民 Visa，可能會因為你遞交 DS-260 之後，
有了移民意圖，因此被拒簽。（B1/B2/F1 這些 Visa 是不能有移民
意圖的。美國移民官的心證，是假設每一個來申請非移民簽證的
人都有移民美國的意圖。然後申請人要證明我沒有，才能獲准取
得非移民 Visa。）

所以筆者的建議是：儘量延後 DS-260 表的遞出時間，在此同時，考慮自己或家人是否有可能在未來的數年間，會需要申請美國非移民簽證？若無，則好辦，你隨時都可以遞出 DS-260 表。

若有，則你必須延後遞出 DS-260 表的時間，在此同時，開始先申請必須的美國非移民簽證。待獲得之後再遞出 DS-260。這也是我們為什麼要先推估 DS-260 的最晚遞出時間。

若你的兒女正在申請美國大學／研究所的入學，這會是相對比較麻煩的一個狀況。因為一旦先遞出 DS-260 之後，怕再申請 F1 學生簽證時會被拒簽。所以筆者的建議是，在這種情況下，不管你的 Case Number 是多前面的號，一律都不遞出 DS-260 表。待子女次年 3 月分取得學校 offer 之後，4 月分先去申請 F1。在取得 F1 之後才遞出 DS-260。

下面筆者來說明,什麼時間是遞出 DS-260 的理想點?

首先先了解遞出 DS-260 表之後的時間流程:

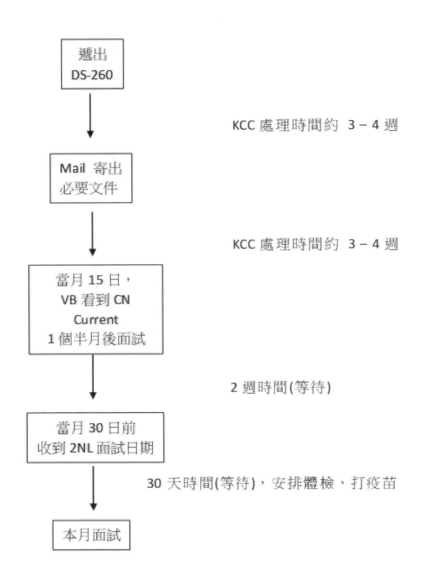

從上表看，假設你以本書前一章的方法，推估自己面試的時間可能是在 6 月分。那麼倒算回來，你最晚遞出 DS-260 表的時間就是在 2 月 15 日之前。也就是大約 4 個月前。

再以前文中提到，如果子女要先申請 F1 Visa 之後才能遞出 DS-260 的例子。你的子女務必在 4 月中之前取得 F1 簽證，然後在 4 月 15-30 之前遞出 DS-260，這樣會排在 8 月分面試，9 月分即可全家移民美國，不影響子女入學的時間。（當然前題是，你的 Case Number 要在 8 月之前 Current）

結論：你預估你的 Case Number 可能會 CURRENT 的月分，減去 4 之後的那個月分的 15 日前遞出 DS-260 表。

不過 DV2020 這一年度，KCC 做了一件破天荒的事，就是提前向某些地區國家的中籤者，在他們尚未遞交 DS-260 表之前，要求這些中籤者 mail「必要文件」（Required Documents）。這是以往從未發生過的情況。以往正常的程序，是中籤者先主動遞交 DS-260 表之後，KCC 審核完畢，再以 mail 要求中籤者 mail 所需的「必要文件」。但 DV2020，KCC 在中籤者尚未遞交 DS-260 之前，就先 mail 要求「必要文件」。合理的猜測，可能 KCC 又更改了他們的作業流程，以加快後續處理的時間。

如果 DV2021 之後，KCC 也提早要求中籤者 mail「必要文件」，那你遞交 DS-260 的時間可以修改為：**預估你的 Case Number 可能會 CURRENT 的月分，減去 3 之後的那個月的 15 日前，同時遞出 DS-260 表與 Required Documents。**

不過當你依照本書所述的方法，推估出自己可能會被排到面試的時間之後，請務必還是要在每個月的 15 日之後，到美國領事事務局的官方網頁上，去查詢最新一期的 Visa Bulletin。並隨時修正自己預估的 VB Cut-off Number，這樣才不至於產生誤判時而不知道。

另外一種情況，是你的 Case Number 是少於 5,000 號低水位的上上籤。這種狀況下，你可以忽略本章所述的預估面試時間的推算方法。因為很可能你的面試時間會是當年度的 10-12 月間。不過以前文中所提，你要在可能面試月分的前 4 個月的 15 日左右遞出 DS-260，那最早的日期就是 6 月 15 日。從得知中籤到完成 DS-260 遞出，與「必要文件」的取得與遞出，時間會很趕。萬一你的 DS-260 或必要文件的取得耽誤了怎麼辦？其實也不用擔心這個問題，因為最多就是你的面試時間會被推遲 1-2 個月。只要你將 DS-260 遞出，並完成必要文件的 mail 送出，大約 1.5 - 2 個月之內就一定可以排到面試，並不會影響到你的權益的。
只是你在收集所需的相關資料，然後填寫 DS-260 表與 mail 必要文件時，仍要注意不要因為趕時間而忽略了該注意的事項。
依照本書後面章節的說明，把需要的文件辦妥，遞出被要求的資料，然後等待面試時間的通知信。一切都會在掌握之中的。

常見問題

Q.我在確定幸運中籤之後，有無任何要特別注意的事？

A.如果你的籤號是 AS 地區中相對前面 20%-25%，那你的面試時間很可能在當年度的 10-12 月就會排到。依照前文中所提及的時間流程，你可能要在 6 月分就必須遞出 DS-260 表與 KCC 要求的「必要文件」。而不論是填寫 DS-260 表或準備「必要文件」，都需要花時間的。所以，如果你的 Case Number 是小於 5000 號的，那你所有的動作都必須加快；不過要加快又不能出錯，所以更要謹慎為之。

另外一個角度來看，你當然也可以放慢速度，按部就班的一步一步來完成後面要做的事項，延後遞交 DS-260 或「必要文件」並不會影響你的權益，只是將你的面試時間向後推延。不過你的 Case Number 夠小，就算推遲 3 個月，也不至於超過隔年的 9 月 30 日。所以你也可以選擇放慢腳步，等一切準備好之後，再遞出資料，等待面試。只不過前文有提到，這樣做其實是會排擠到排號較大的中籤者的。

Q.我在去年 10 月登錄 DV 樂透抽籤之後，有了新生兒（在原始的抽籤登錄資料中並未列入），請問該怎麼辦？

A.首先恭喜你，有了小 baby。

可以在填寫 DS-260 表時加入這位家庭的新成員。不過先要幫小 baby 申請一份護照與出生證明，然後按照護照上的資料內容，

填入 DS-260 表。沒有問題的。

Q.我在去年 10 月登錄 DV 樂透抽籤之後，結婚了（在原始的抽籤登錄資料中並未列入配偶），現在幸運中籤了，請問該怎麼辦？

A.這會是一個相對複雜的問題。

首先，主申請人一樣可以在填寫 DS-260 表時，加上配偶的資料。但是要先準備好正式的結婚證書（最好是官方的公證結婚證書）。同時也要準備好能夠證明你們原本就是情侶的資料（例如，可以證明拍攝時間是當年 10 月分以前的舊照片、LINE 的聯絡資料等等），主要的目的就是必須證明你們不是假結婚真移民。

如果移民官懷疑你們婚姻的真實性，他們可以在不需要理由及證據的情況下，Pending 你們的案件，直到 9 月 30 日超過期限。當然他們也可以直接 Refuse。

請了解一件事，移民官是以自由心證的方式判定，他們無需向申請人說明或提出證據，只要移民官合理的懷疑，他們就有權力如此做。

所以，如果你們已確定要結婚，同時也想要參加 DV 樂透抽籤，那筆者的建議，儘量在 10 月分登錄申請之前取得法院的公證結婚證書，以避免真的幸運中籤之後的問題。

Q.我因為某些個人的因素想將 AIT 面試的日期更改，是否可以？

A.可以。但筆者不建議這麼做。

首先，你必須要先完成：DS-260 遞出，必要資料 mail 完成，Visa Bulletin 上的 Case Number Is CURRENT，然後也收到 KCC 以 mail 寄發的面試通知書之後，才能寫信向 AIT 請求變更面試

日期。這時候，距離你面試的時間，可能是 30-60 天左右。而且
變更的日期基本上只能向後延，不能提前。

結果有三種可能：

1. AIT 同意依照你的希望，調整面試時間，並且不影響你最終
   獲得簽證的時間。

2. AIT 不同意你的請求，你必須依照原本排定的日期去面試。

3. AIT 同意將你的面試時間延至下個月，確定的時間另行通知。
   這其中第 2. 與第 3.，筆者認為都會有風險。

   筆者的建議是：因為面試的時間只能向後延，所以你可以透
   過推遲遞交 DS-260 或必要文件的時間，來自動達到向後推
   遲的效果。

   最常碰到的例子是：主申請人目前在國外求學中，他想在
   暑假回國時在台灣的 AIT 面試，但依照主申請人的 Case
   Number，他可能在 2 月分就會排到面試。這種狀況下，主申
   請人可以先遞交 DS-260 表，但不 mail 必要文件，直到 3 月 1
   日再 mail 寄出必要文件。這樣應該就自動被延至 6 或 7、8 月
   分面試了。

Q. 我在遞出 DS-260 之後，是否會影響申請赴美電子簽證（ESTA）？
A. 理論上不會。

   其實台灣人短期赴美，都會直接上網申請一個 ESTA，很多人把
   它叫成「電子簽證」，其實這是不正確的。ESTA 的原文是：
   Electronic System for Travel Authorization 中文應該是：旅遊許可電
   子系統。它是美國對於免簽證計劃（Visa Waiver Program）國家
   的國民，短期赴美不超過 90 天時，可以透過網路取得電子授權。
   其中已經說的很清楚了，ESTA 並不是「簽證」（Visa Waiver =

簽證豁免、不用簽證），所以不會因為你在遞交 DS-260 之後有了移民意圖而拒發。

不過目前因為筆者並沒有在先遞交 DS-260 之後再申請 ESTA 成功的實例，所以只能說「理論上不會」。

Q.我如果最後參加面試被拒簽，請問是否會影響到我已有的非移民簽證（例如：**B1/B2** 商務旅遊醫療簽證，**F1** 學生簽證，**J1** 學術交流簽證）？

A.理論上不會。雖然說遞出了 DS-260 表，已表示有移民意圖了，但根據過往前輩的經驗，比較不會影響已經有的非移民簽證；會受到影響的，是之後再想申請非移民簽證會相對有難度，但也不代表就一定不過。也有人在 DV 樂透移民被拒簽之後，仍然順利申請到非移民的簽證（F1）。不過移民官在面試時，的確有權力當場註銷你原來的非移民簽；但在實務上倒是不曾聽說有類似的案例發生。除非你在申請 DV 樂透移民的過程中，明顯的虛偽造假不誠實，亦或移民官發現了新的證據，足以證明你在進入美國會對美國國土安全造成疑慮，否則一般所知，並不會註銷你已取得的非移民簽證。

Q.我中籤之後，面試的地點可以自己選擇嗎？

A.不完全可以。但不一定要在你的母國（Home Country）面試，你可以在你目前的現居地所在國的美國領事館。

以我們來說，你如果現居地是台灣，而又剛好是你的出生地與國籍所在，那在台灣面試是最好的選擇。面試時間的安排最快，所有文件中文皆可，面試官講中文，連體檢都能隨到隨檢。這些好處是在他國面試所沒有的。

如果你目前在國外求學中或是因為工作原因常駐在國外（例如英國、澳洲等其他國家），而你又是中籤的主申請人（不是父母中籤），那你可以在 DS-260 表中的現居地址填上你國外的地址，系統就會把你安排到你所在國的美國領事館面試。不過筆者的建議，最好還是排除萬難，買張機票回台灣面試。在國外面試，光是體檢與打疫苗一事就會讓你一個頭五個大，更別提你還有一堆台灣的文件要申請還要翻譯成英文。排除一切的障礙回台面試，這是對你最好的選擇。

如果你是中籤主申請人的衍生家屬，那你沒有選擇的權利，主申請人在哪裡面試，衍生家屬就要一同前往面試。例如主申請人現居澳洲，並選擇在澳洲面試，那麼其家屬就必須一起赴澳洲與主申請人同時面試。

Q.我中籤之後，可否與家人在不同的二個地方（國家）分別面試？
A.這是一個大哉問的問題。答案是：在某個特定的條件下可以。
在說明這個部分之前，先解釋三個名詞：
AoS：Adjustment of Status 主申請人目前人在美國，不打算回母國面試，直接在美國調整身分，以 DV 樂透中籤的身分變更請領綠卡。
CP：Consular Processing 申請人在其現居地以 DV 樂透正常程序申請移民面試。
FTJ：Follow To Join 在主申請人在美國以 AoS 完成 DV 樂透的身分變更，取得綠卡之後，其家人在現居地以 DV 樂透 CP 程序申請移民面試。
首先說明，原則上同一個 Case Number 的一家人，必須一起面試。

至於面試的地點，前文已有說明，是以「主申請人的現居地」來決定的。

只有在一種情況下，主申請人可以與家人分在二個不同的地點面試。就是主申請人目前人在美國境內，而其家人在台灣（或其母國），這種情況下，主申請人可以選擇在美國面試，而家人在台灣面試。

現在以一實例來說明。假設主申請人是台灣人，中籤的主申請人目前在美國（只能是在美國，其他國家不行）。如果主申請人為未婚也沒子女，那就是直接將美國的現居地填為現居地，更換面試地點即可。如果主申請人有衍生家屬要一起移民。而主申請人不願回台灣申請面試，那就是前面所說的「特定條件」了。

此時主申請人可以向美國公民及移民服務局（USCIS）提出請求，執行 AoS 程序，就地變更其身分為永久居民（綠卡身分）。其流程與傳統的 DV 樂透申請完全不同了，可直接向 USCIS 詢問作業流程。不過，USCIS 要等到該中籤的主申請人的 Case Number 已經被 KCC 核准可以參加面試時（也就是 Case Number is CURRENT），才會開始 AoS 的身分調整作業。一般會較 CP 的做法晚 1-2 個月。然後等主申請人取得綠卡身分之後，要再請求 USCIS 通知其家屬所在地的台灣 AIT，以 CP 的方式開始安排家屬面試。如果整個過程能在當年的 9 月 30 日前完成，那家屬在台灣取得移民簽證之後，可以自行赴美與主申請人團聚，就是所謂的 Follow To Join。

綜上所言，除非你中籤的 Case Number 是前段班（至少是 50% 的前面），否則就算不考慮 AoS 操作上的困難度（你所有的資

料還是要從台灣申請），光是面試時間的風險就很讓人頭痛了。
所以筆者的建議，除非你有一個絕對不能回台面試的理由，否
則回台灣走 CP 的流程還是最理想的。

|中籤後要做的事|

1. 判斷自己案件編號的相對低中高　→已完成
2. 估　算可能面試的月分　→已完成
3. 推估 DS-260 遞送的月分　→已完成
4. 填寫完成 DS-260 表並線上遞交
5. 準備要 mail 的必要文件，並以 mail 遞出

------ **申請人必須先完成第 4. 與第 5. 這二項文件的遞交，**

------ **KCC 才會開始正式處理有關安排面試時間的程序**

6. Visa Bulletin 上看到自己的 Case Number is CURRENT
7. 收到 AIT 寄來的面試日期通知函（2NL）
8. 準備面試所需的文件
9. 安排體檢、打疫苗
10. 帶著萬全準備與輕鬆心情去 AIT 面試
11. 收到 AIT 寄來完成移民簽證的護照信封
12. 以體檢日期起算，6 個月內完成入境美國。

DS-260 表的填寫，需要事前準備好一些相關的資料。這些資料的取得與列出，筆者個人大約用了 10 天的時間。先將這些資料準備好，否則你一邊填還要一邊找資料，是無法順利完成的。DS-260 的線上填寫，也有占用網頁的時間限制。你如果在一個頁面停留時間超過系統的設定時間，當你要換下一頁時，就會被踢出來。剛才的輸入完全沒有保留，要重新再來一次。所以事前的準備工

作很重要，務必將會用到的資料都找齊了，再開始填寫 DS-260 表。你也可以利用本章後附的 DS-260 表 sample，將之影印下來，先以書面方式試填完成，再進入線上實際輸入。

另外，線上填寫一份 DS-260 表，比較複雜的是主申請人，一般大概至少要耗時 1 小時以上，至於配偶與子女，因為需要填寫的資料相對少一些，大概 30-50 分鐘可完成。

DS-260，沒有標準的填寫範例，因為每個人的狀況不盡相同。所以筆者只能儘量的以表格說明每一欄位應該填寫的內容。填寫時務必把握一個大原則：「說實話」。這也是從現在開始，你做每一件事的大原則，直到你順利通過面試取得簽證。因為每一個人的狀況不同，所以 DS-260 表的反應內容也會不一樣。舉例來說，如果主申請人曾經有過離婚紀錄，系統就會要求輸入前次婚姻的資料；或是主申請人喪偶，系統帶出來的下層問題也會不一樣。這些不同的情境，會導致其衍生問題的不同，所以如果 Sample 中沒有提到的內容，你就依據自己的真實狀況，「誠實的回答」，記住，「說實話」就是最標準的答案。絕對不要嘗試回答「你認為 KCC 想聽的答案」或是「說什麼我比較容易被核准」。「實話實說」就是最好的答案。

DS-260 表的內容會不斷的更新，加入新的問題。以筆者為例，我在 2019.9 月左右先填了一遍（但只有儲存，沒有 Submit），等到 11 月想看一下之前填寫的內容時，進入之後發現又多了好幾個之前沒有的欄位需要填寫。

結論：充分先準備好需要的資料；以書面的方式先填寫一遍，提高熟悉度；找個完整不受打擾的半天時間，泡杯咖啡，放鬆心情，找一台已連接印表機的電腦，然後快速並準確的輸入資料。完成

後只存檔，不 Submit。

最後有二點要注意：

(1) DS-260 表中，只有一項內容要填中文（「你姓名的本國文字」
這一項），其他所有的欄位內容，一律要以英文填寫。誤使用
到中文，會導致你失格（Disqualification）。

(2) DS-260 表中，所有的年分都是西元，誤使用到民國的年分，也
會被判失格。

|DS-260 要準備的資料|

首先說明一點，哪些人需要填寫 DS-260 表？

基本上就是你在去年 10 月參加 DV 樂透抽籤登錄時，所輸入的家人們，可能包含了你的配偶、子女。這些人就是「有資格」與你一起移民美國的家人。

但如果你的「有資格」陪同移民的家人，並不要一起移民，那他們就不用填寫 DS-260 表。也就是，要與你一起移民的核心家屬，每人都需要填寫一份 DS-260 表，所有的人共用一個 Case Number；不與你一起移民的家人，就不用填 DS-260 表；但在你主申請人的 DS-260 表中要註明，某些家人不隨同移民。

在填寫 DS-260 表之前，需要準備的資料：

1. 所有要填表家庭成員的有效護照。

2. 所有成員從 16 歲起（指的是足歲）到現在，曾經「居住過」的地方的英文地址（包含國內外）。

   所謂曾經「居住過」的地方，不包括短期的旅遊、商務旅行、拜訪親友……等；但包括因為求學、工作、或其他原因的非短期住所。

   「居住過」的地方，不是指你的戶籍所在。例如你到外地讀大學，曾經住在學校宿舍或在校外租屋，但你的戶籍一直在父母親住的地方；這些宿舍或租屋處，都是你要列出來的資料。

這些地址必須事先翻譯成英文。（一樣你可以利用「中華郵政全球資訊網」https：//www.post.gov.tw/post/internet/Postal/index.jsp?ID=207 來翻譯）

筆者個人是先利用「自然人憑證」到「勞工保險局」網站，查詢列印了一份「被保險人勞保異動」資料。透過這份工作的異動，去回憶之前曾經住過的地方。（這份「被保險人勞保異動」資料，主申請人與配偶最好都申請一份，因為等一下填寫工作經歷時也會用到）

地址的內容，就你所能回憶起來的程度，儘量詳細。門牌部分實在不記得時，可以用「xxx」代替，但要包含郵遞區號。例如：

No.xxx, Lane 245, Wanda Road, WanHua District, Taipei 108, Taiwan

居住地的起迄時間，以月分為準。例如：1995.10 – 2001.8

全部列出來之後，從時間「近→遠」依序排列。現住地址排最前面，然後是前一個居住處所，然後是再往前推的居住處所。

3. 電話號碼。手機號碼，家庭固定電話號碼，工作處所電話。至少要有一個。

電話號碼要加國際冠碼與台灣的 886 國碼。

例如：+886910100100、+886223451000

4. E-mail 地址。一個你會時常收信，並運作正常的郵箱。

最好是與之前登錄抽籤時填寫的是同一個。不過不同也可以。

當 KCC 需要與你聯絡時，會使用這個 E-mail。KCC 會透過 E-mail 要求你掃瞄「必要文件」回傳，以及當你 CURRENT 時，以 E-mail 通知你的面試地點／時間。所以這個 mail address 非常重要，它是 KCC 與你聯絡的唯一方法。

5. 5 年內曾經用過的社群媒體帳號。所謂的帳號，指的是 ID，不是 E-mail。

一定要填寫的社群媒體如下（如果你曾經用過，要找出來
ID）：

ASK.FM

DOUBAN

FACEBOOK

FLICKR

GOOGLE+

INSTAGRAM

LINKEDIN

MYSPACE

PINTEREST

QZONE（QQ）

REDDIT

SINA WEIBO（新浪微博）

TENCENT WEIBO（騰訊微博）

TUMBLR

TWITTER

TWOO

VINE

VKONTAKTE（VK）

YOUKU（優酷）

其他未在上列名單中的社群媒體，可自由決定是否提供相關資
訊，像是：LINE、WECHAT、WHATAPP…等。

6. 5 年內曾經使用過的 Email address 與手機號碼。

7. 一位目前在美國的親戚或朋友的聯絡方式（姓名、地址與電
話）。這位親戚或朋友不必要是美國公民或永久居民。台灣朋

友在美國求學中的兒女也是可以的。

這個地址是當你取得移民簽證並入境美國之後，美國 USCIS（美國公民及移民服務局）寄發實體綠卡給你的地址。

如果你目前無法取得這一份資料，那就找間當你入境美國後，可能會暫住的民宿（AIRBNB）或飯店的資料，暫時先填上去。

這一個接收綠卡的地址，當你取得移民簽證第一次入境美國時，是可以在機場的海關更改的（這也是最後可以更改的機會）。那時候，你應該已經有了進入美國之後要落腳的地址了。所以不用擔心你現在在 DS-260 表中填的這個地址是否會被 USCIS 使用。

8. 填單人父母親的資料（如果填單 DS-260 的是你的子女，那這份資料就是你與你的配偶）。最好能有父母親的護照，因為護照上的內容最齊全。

需要的資料包含：父母親的姓名英文拼音，出生日期，出生地。如果已經過世的話，要有過世的年分。如果尚在世的話，目前居住地址（英文）。如果父母親已過世，有一些資料已不復記憶。那可以到戶政事務所申請一份過世父／母親的「除戶證明」，上面都有這些相關的資料。

9. 配偶的資料。包含：姓名英文拼音，出生日期，出生地，現居地址（英文翻譯），目前工作職務內容。以及：是否會與你一起移民美國。

前文有述及，你的配偶與子女，一定要填寫在最初登錄申請抽籤的文件中，但當你幸運抽中之後，他們可以選擇是否要與你一起移民美國。如果這個問題你選擇「Yes」，那麼後面會要求你的配偶也要填寫配偶的 DS-260 表；如果這個選項你選擇「No」，那麼就不會要求你的配偶填寫 DS-260 表。也就是在這個問題中，來區隔你的家人是否要與你一起參加面試並移民美國。

10. 主申請人如果曾經離過婚，要有前次配偶的姓名（英文）、出生日期、結婚日期、離婚日期、婚姻終止的方式等資訊。

    如果你已經記不得這些資訊，那可以到戶政事務所，申請一份你「所有」婚姻的「結婚證書」與「離婚證書」復本。因為台灣的婚姻關係是採登記制，所以戶政機關都有這些原始文件的存檔。你申請之後，戶政事務所會在影本上蓋上證明印鑑，等同原始文件效力。

11. 子女的個人資料，包含：姓名英文拼音，出生日期，出生地。

    如果某位子女並未與主申請人同住，那麼要有子女現居地址（英文）。還有就是，該子女是否與主申請人一起移民美國？

12. 申請人過往曾經到訪過美國的資料。（請注意，這是沒有時間期限的，你20年前去過美國，那也必須找到當時的相關資料。）你要找出過往「所有」曾經到訪美國的日期、停留的天數。你曾經取得過的美國簽證內容（再說明一次，台灣赴美的 ESTA 不是簽證，所以不算），包含簽證的簽發日期、簽證種類、簽證號碼，以及具有美簽的這本護照是否曾經遺失、失竊、或被取消、撤銷。很多人在多年以前去美的資料早已不復在，這點會略為麻煩一點。筆者個人的做法是，利用「自然人憑證」（這憑證真好用，方便很多。還沒申辦的讀者，建議本人親帶身分證與印章到戶政事務所辦理一張。然後再買一個讀卡機就 ok 了），到「內政部移民署全球資訊網」（https：//ncp.immigration.gov.tw/GlobalQA/），線上申請一份「入出國日期證明書」。上面會有個人所有出入國的詳細日期，然後根據這份資料，找出過往曾經去過美國的時間就可以了。

    如果你實在無法取得（記得）前述所需的資料／日期，那就回答「Do Not Know」。不過筆者建議，還是盡量找回記憶。

13. 你之前是否曾經有過申請美簽時，被拒簽的紀錄。如果有的話，也要有相關的資料。這個部分，DS-260 表中會要求你以文字說明。

14. 你從現在起算，10 年內曾經從事過的工作內容。包含：職務，公司名稱、住址、電話、你當時的主管姓名、到職與離職日期等資料。時間順序一樣，從近→遠。

  （一樣可以利用「被保險人勞保異動」資料來幫助回憶）

15. 你到達美國之後，想要從事的工作內容。（這個部分先想好答案，然後據實回答就好）

16. 你的學歷資料，包含國中以後的所有學校。學校名稱、學校地址、入學日期、畢業日期。時間順序一樣，從近→遠。

17. 過往 5 年內，你曾經到訪過的國家／地區。

  一樣可以用之前申請的那一份「入出國日期證明書」來回憶。

18. 男生的話，還要一份退伍令。

由於有某些資料，你可能必須跑一趟戶政事務所辦理申請，而還有另外的一些文件，是你面試前要準備完成的。所以筆者建議在填寫 DS-260 前去一趟戶政事務所，把需要的文件一次辦出來，以免反覆多次申請，浪費時間。去戶政事務所要申請的文件整理：

1. 主申請人、配偶、子女，所有要移民家人的「出生證明書」原件復本。最好能再多申請一份「原始戶籍謄本」。如果能取得一份英文的出生證明，會更理想。（如何取得英文出生證明的方法，後文再說明）

2. 主申請人與配偶其過世雙親的「除戶證明」。

3. 主申請書、配偶，二人過往所有的「結婚證書」與「離婚證書」（如果有多次婚姻的話）。至少會有一份「結婚證書」（要辦

2 份，因為主申請人與配偶，每人各需一份）。另外如果前配偶已過世，還要一份過世配偶的「死亡證明書」。

主申請人如果現在是已婚狀態，且配偶也要一起移民的話，建議再多申請一份「英文版結婚證書」。因為到了美國之後，這是唯一一份可以證明你們夫妻關係的官方文件。

還有要利用自然人憑證，自行上網去申請：

1. 「勞工保險局」網站，查詢列印「被保險人勞保異動」資料。
2. 「內政部移民署全球資訊網」，線上申請「入出國日期證明書」。

畢業證書遺失：到曾經讀過的各級學校，申請補發。

退伍令遺失：到戶籍所在地後備指揮部，申請補發。

附註：如何取得英文出生證明

雖然在台灣 AIT 面試，所有的中文文件均可被接受。不過筆者建議，最好還是能取得一份英文出生證明。因為一旦移民至美國之後，英文的出生證明也是個人必要的證明文件之一。同時 5 年之後如果申請公民，屆時因為是在美國當地面試，中文版的出生證明就無法被接受了。屆時還要麻煩國內的親友幫忙去申請英文出生證明。與其最終一定會需要，那不如一開始就申請英文的出生證明。

要申請英文出生證明，可分為二種情況：

1. 在醫院出生，只要該醫院還存在，一般情況都可以提供英文的出生證明。你可以打電話去你出生時的醫院，詢問要開英文出生證明，如何辦理。以筆者為例，筆者出生的醫院，還保留有

50 多年前的出生資料（唉～，好像透露了自己的年紀了）。帶著身分證與護照去醫院，填好申請單後，不到 3 天就寄到了。

2. 無法從出生醫院取得英文出生證明的話，那就先去戶政事務所申請一份「出生證明書」原始復本，然後依照一樣的格式翻譯成英文。其實翻譯的過程並不難，自己就可以完成，不用找翻譯社多花錢。你可以先上網找到與你手上那份中文「出生證明書」原始復本一樣格式的英文空白出生證明表格，下載回來後，再依序將翻譯的英文填入。完成後原始的中文出生證明與翻譯的英文出生證明各 copy 6 份，再到法院或民間的公證處請求辦理公證。（copy 6 份的原因是，法院公證的費用，1 份與 5 份價格一樣。所以就直接申辦 5 份。然後多 1 份要給法院留存。）

▦ | 填寫 DS-260 之前 |

DS-260 表的內容相當繁瑣，所需要的資料也相當的多，甚至是要花一點時間才能取得的。

而在線上輸入時，同樣也有網頁停留時間的限制，一旦逾時，當你點擊「Next」時，就會被踢出網頁，要重來一次。（官方說法是 20 分鐘內沒有動作。但實際輸入時，往往 5-10 分鐘沒有完成一個 page 並存檔，就會被踢出了）

所以正式線上輸入時，必須快速而正確，才能順利完成。不過有些頁面要填的資料內容相當多，例如過往曾經住過的地址（筆者有 11 個），或是 10 年內曾經從事過的工作相關內容。要在 5 分鐘內完成，雖然說並不一定是「不可能的任務」，但要輸入正確又要快，的確不容易的。

筆者的建議是：先將後面附加的這一份 DS-260 表格放大影印出來（有幾位同行家屬就要印幾份，DS-260 表每位要一起申請移民的家人都要填一份，只不過同行家人的所需內容會比主申請人要少一些）。然後繼續閱讀本書的後文「填寫 DS-260 說明」，一邊看說明，一邊以書面先填寫一份。等正式線上輸入時，就以這份書面內容直接鍵入，這樣時間相對會快一些。

美國的移民簽證不只有透過 DV 樂透抽籤，還有其他親屬移民、工作移民、投資移民等。而各類移民雖然都是填寫 DS-260 表，但因為原始的性質不同，所以各類不同移民簽證的 DS-260 表內容也不完全一樣。

另外，DS-260 表的內容，每年都會有些微變動，主要是增加新的問題。此外，因為每個人的情況不同，也會導致 DS-260 表的衍生問題略有不同。填表時本著基本的邏輯判斷，「實話實說」是最好也是唯一的指導原則。

後附 2019.10 月分最新版本的 DS-260 空白表格。

讀者也可以自行上網到美國國務院領事事務局的官方網站去下載一份 sample。

https：//travel.state.gov/content/dam/visas/DS-260-Exemplar.pdf

▦ |DS-260 空白表格|

⦿ Personal Information 1

Surnames：_____

Given Names：_____

Full Name in Native Alphabet：_____

Q：Have you ever used other names （i.e., maiden, religious, professional, alias, etc.）？：☐ Yes ☐ No

If Yes：Provide the following information

Other Surnames Used：_____

Other Given Names Used：_____

Sex：_____

Current Marital Status：_____

Date and Place Birth

    City of Birth：_____

    State/Province of Birth：_____ or ☐ Does Not Apply

    Country/Region of Birth：_____

（go to Next page）

⦿ Personal Information 2

Country/Region of Origin （Nationality）： _____

Provide the following information on your travel documentation：

Document Type： _____

Document ID： _____

Country/Authority that Issued Document： _____

Issuance Date：

Expiration Date： ____ （dd） ____ （mmm） ____ （yyyy）

Q：Do you hold or have you held any nationality other than the one you
have indicated above?： ☐ Yes ☐ No

（go to Next page）

🔑 Present and Previous Address Information

Present Address

Street Address （Line 1）：_____

Street Address （Line 2）*Optional：_____

City：_____

State/Province：_____or ☐ Does Not Apply

Postal Zone/Zip Code：_____or ☐ Does Not Apply

Country/Region：_____

Started Living Here：_____（mmm）_____（yyyy）

Previous Address

Q：Have you lived anywhere other than this address since the age of
sixteen?（Date you turned sixteen：dd-mmm-yyyy）

☐ Yes ☐ No

Street Address（Line 1）：_____

Street Address（Line 2）*Optional：_____

City：_____

State/Province：_____or ☐ Does Not Apply

Postal Zone/Zip Code：_____ or ☐ Does Not Apply

Country/Region：_____

Started Living Here：_____（mmm）_____（yyyy）

To Date：_____（mmm）_____（yyyy）

☐ Add another （如果不只一個過往的地址，請逐一填寫）

Street Address（Line 1）：_____

Street Address（Line 2）*Optional：_____

City：_____

State/Province：_____or ☐ Does Not Apply

Postal Zone/Zip Code：_____or ☐ Does Not Apply

Country/Region：_____

Started Living Here：_____（mmm）_____（yyyy）

To Date：＿＿＿＿（mmm）＿＿＿＿（yyyy）

☐ Add another　（如果不只一個過往的地址，請逐一填寫）

🎙 Phone

Primary Phone Number：_____

Secondary Phone Number：_____

or ☐ Does Not Apply

Work Phone Number：_____

or ☐ Does Not Apply

Q：Have you used any other telephone numbers during the last five years?

   ☐ Yes ☐ No

Email

Email address：_____

Q：Have you used any other email address during the last five years?

   ☐ Yes ☐ No

Social Media

   Social Media Provider/Platform：_____

   Social Media Identifier：_____

   ☐ Add another　（如果不只一個，請逐一填寫）

   Social Media Provider/Platform：_____

   Social Media Identifier：_____

   Social Media Provider/Platform：_____

   Social Media Identifier：_____

Social Media Provider/Platform：＿＿＿＿＿＿

Social Media Identifier：＿＿＿＿＿＿

Social Media Provider/Platform：＿＿＿＿＿＿

Social Media Identifier：＿＿＿＿＿＿

Other Social Media

Do you wish to provide information about your presence on any other websites pr applications you have used within the last five years to create or share content （photos, videos, status updates, etc.）？

☐ Yes ☐ No

（go to Next page）

◉ Mailing and Permanent Address Information

Mailing Address

Q：is your Mailing Address the same as your Present Address?

☐ Yes ☐ No

Permanent Address

Name of person currently living at address：＿＿＿＿＿＿

or ☐ Does Not Apply

U.S. Street Address（Line 1）：＿＿＿＿＿＿＿＿＿＿＿

U.S. Street Address（Line 2）*Optional：＿＿＿＿＿＿＿

City：＿＿＿＿＿＿

State：＿＿＿＿＿＿

Zip Code：＿＿＿＿＿＿

Phone Number：＿＿＿＿＿＿ or ☐ Does Not Apply

Q：Is this address where you want your Permanent Residence Card（Green Card）mailed?　☐ Yes ☐ No

⦿ Family Information：Parents

Father

　　Surnames： _____ or ☐ Do Not Know

　　Given Names： _____ or ☐ Do Not Know

　　Date of Birth： _____ (dd) _____ (mmm) _____ (yyyyy)
　　or ☐ Do Not Know

　　Place of Birth

　　　City： _____ or ☐ Do Not Know

　　　State/Province： _____ ☐ Do Not Know

　　　Country/Region： _____ ☐ Do Not Know

Q： Is your father still living? ☐ Yes ☐ No

If 「Yes」, Current Address：

　　Street Address （Line 1） : _____

　　Street Address （Line 2） *Optional : _____

　　City： _____

　　State/Province： _____

　　Postal Zone/Zip Code： _____

　　Country/Region： _____

If 「No」,

　　Year of Death： _____

Mother

    Surnames at Birth：_____ or ☐ Do Not Know

    Given Names：_____ or ☐ Do Not Know

    Date of Birth：_____（dd）_____（mmm）_____（yyyy）

    or ☐ Do Not Know

    Place of Birth

        City：_____ or ☐ Do Not Know

        State/Province：_____ or ☐ Do Not Know

        Country/Region：_____ or ☐ Do Not Know

Q：Is your Mother still living? ☐ Yes ☐ No

If「Yes」, Current Address： or ☐ Do Not Know

    Street Address（Line 1）：_____

    Street Address（Line 2）*Optional：_____

    City：_____

    State/Province：_____ ☐ Does Not Apply

    Postal Zone/Zip Code：_____ or ☐ Does Not Apply

    Country/Region：_____

If「No」,

    Year of Death：_____

（go to Next page）

◉ Family Information：Spouse

Current Spouse

    Surnames：_____

    Given Names：_____

    Date of Birth：_____（dd）_____（mmm）_____（yyyyy）

    Place of Birth

        City：_____ or ☐ Do Not Know

        State/Province：_____ or ☐ Does Not Apply

        Country/Region：_____

Spouse's Address：_____

（Same as present address）

Occupation：_____

Date and Place of Marriage：

    Date of Marriage：_____（dd）_____（mmm）_____（yyyyy）

    City：_____

    State/Province：_____ or ☐ Does Not Apply

    Country/Region：_____

Q：Is your spouse immigrating to the U.S. with you?

    ☐ Yes ☐ No

（go to Next page）

🎯 Family Information：Previous Spouse

Q：Do you have any previous spouses?　☐ Yes ☐ No

If「No」, go to next page

If「Yes」

Number of Previous Spouses：_____

Provide the following information：

    Surnames：_____

    Given Names：_____

    Date of Birth：_____（dd）_____（mmm）_____（yyyyy）

    Date of Marriage：_____（dd）_____（mmm）_____（yyyyy）

    Date Marriage Ended：_____（dd）_____（mmm）_____（yyyyy）

    How was your marriage terminated?_____

    Country/Region where marriage was terminated?_____

如果還有第 2 個，選「Add Another」。

若無：

（go to Next page）

◉ Family Information：Children

Q：Do you have any children?　□ Yes □ No

If「No」, go to next page

If「Yes」

Number of Children：_____

Provide the following information on each of your children（this includes all natural children, adopted children, and step children）.

Child 1

　　Surnames：_____

　　Given Names：_____

　　Date of Birth：_____（dd）_____（mmm）_____（yyyyy）

　　Place of Birth

　　　City：_____ or □ Do Not Know

　　　State/Province：_____ or □ Does Not Apply

　　　Country/Region：_____

　　Q：Does this child live with you?　□ Yes □ No

　　If「No」：or □ Do Not Know

　　Street Address（Line 1）：_____

　　Street Address（Line 2）*Optional：_____

　　City：_____

　　State/Province：_____ or □ Does Not Apply

　　Postal Zone/Zip Code：_____ or □ Does Not Apply

　　Country/Region：_____

Q：Is this child immigrating to the U.S. with you?

☐ Yes ☐ No

如果還有第 2 個子女，選「Add Another」，繼續下一位。

若無：

（go to Next page）

🔘 Previous U.S. Travel Information

NOTE：Provide the following previous U.S. travel information. Provide complete and accurate information to all questions that require an explanation.

Q：Have you ever been in the U.S.?　☐ Yes ☐ No

If「Yes」：Provide the following information：

Q：Were you issued an Alien Registration Number by the Department of Homeland Security?　☐ Yes ☐ No

Provide information on your last five U.S. visits：

Date Arrived：_____（dd）_____（mmm）_____（yyyyy）

Length of Stay：_____

如果還有其他次的赴美記錄，選「Add Another」，繼續。

Q：Have you ever been issued a U.S. Visa?　☐ Yes ☐ No

If「Yes」, Provide the following information on your last U.S. visa：

Date Visa Was Issued：_____（dd）_____（mmm）_____（yyyyy）

Visa Classification：_____or ☐ Do not know

Visa Number：_____or ☐ Do not know

Q：Have any of your visas ever been lost or stolen?

☐ Yes ☐ No

Q：Have any of your visas ever been cancelled or revoked?

☐ Yes ☐ No

Q：Have you ever been refused a U.S. Visa, been refused admission to the United States, or withdrawn your application for admission at the port of entry?

☐ Yes ☐ No

（go to Next page）

⦿ Present Work/Education/Training Information

NOTE：Provide the following information concerning your current employment or education.

Primary Occupation：_____

Q：Do you have other occupation?   ☐ Yes ☐ No

In which occupation do you intend to work in the U.S.?

_____

_____

（ go to Next page ）

◉ Previous Work/Education/Training Information

Q：Were you previously employed? ☐ Yes ☐ No

Provide the following information on all of your employers from the last ten years, starting with the most recent employer.

Employer Name：_____

Employer Street Address（Line 1）：_____

Employer Street Address（Line 2）*Optional：_____

City：_____

State/Province：_____ or ☐ Does Not Apply

Postal Zone/Zip Code：_____ or ☐ Does Not Apply

Country/Region：_____

Telephone Number：_____

Job Title：_____

Supervisor's Surnames：_____ or ☐ Do Not Know

Supervisor's Given Names：_____ or ☐ Do Not Know

Employment Date From：_____（dd）_____（mmm）_____（yyyyy）

Employment Date to：_____（dd）_____（mmm）_____（yyyyy）

Q：Did the job require at least 2 years of training or experience? ☐ Yes
☐ No

如果還有其他工作記錄，選「Add Another」，繼續。

206

Q：Have you attended any educational institutions at a secondary level or above?

☐ Yes ☐ No

Highest Level of Education Completed：＿＿＿＿＿＿＿＿＿＿＿＿＿＿

Number of Education Institutions Attended：＿＿＿＿＿＿

Provide the following information on all educational institutions at a secondary level or above you have attended.

Name of Institution：＿＿＿＿＿＿＿＿＿＿＿＿＿＿

Street Address （Line 1）：＿＿＿＿＿＿＿＿＿＿＿＿＿＿＿

Street Address （Line 2）*Optional：＿＿＿＿＿＿＿＿＿＿＿＿＿

City：＿＿＿＿＿＿

State/Province：＿＿＿＿＿＿ or ☐ Does Not Apply

Postal Zone/Zip Code：＿＿＿＿＿＿ or ☐ Does Not Apply

Country/Region：＿＿＿＿＿＿

Course of Study：＿＿＿＿＿＿＿＿＿＿

Degree, Diploma or Certificate Received：＿＿＿＿＿＿

Date of Attendance From：＿＿＿＿（dd）＿＿＿＿（mmm）＿＿＿＿（yyyyy）

Date of Attendance To：＿＿＿＿（dd）＿＿＿＿（mmm）＿＿＿＿（yyyyy）

如果還有其他學校，選「Add Another」，繼續。

若無：

（go to Next page）

⚲ Additional Work/Education/Training Information

NOTE：Provide the following work, education, or training related information. Provide complete and accurate information to all questions that require an explanation.

Q：Have you traveled to any country/region within the last five years?
　　☐ Yes ☐ No

If「Yes」，Provide a List of Countries/Regions Visited：

_____, _____, _____, _____, _____

Q：Have you ever served in the military?　☐ Yes ☐ No

If「Yes」，Provide the following information：

Name of Country/Region：_____

Branch of Service：_____

Rank/Position：_____

Military Specialty：_____

Date of Service From：_____（dd）_____（mmm）_____（yyyyy）

Date of Service To：_____（dd）_____（mmm）_____（yyyyy）

如果還有其他，選「Add Another」，繼續。

Q：Have you belonged to , contributed to, or worked for any professional, social, or charitable organization?
　　☐ Yes ☐ No

Q：Do you have any specialized skills or training, such as firearms, explosive, nuclear, biological, or chemical experience?

☐ Yes ☐ No

Q：Have you ever served in, been a member of, or been involved with a paramilitary unit, vigilante unit, rebel group, guerrilla group, or insurgent organization?

☐ Yes ☐ No

Q：Can you speak and/or read languages other than your native language?

☐ Yes ☐ No

If「Yes」, List the languages that you speak and/or read：

_____, _____, _____

（go to Next page）

Security and Background：Medical and Health Information

Q：Do you have a communicable disease of public health significance such as tuberculosis （TB）？

☐ Yes ☐ No

Q：Do you have documentation to establish you have received vaccination in accordance with U.S. law？

☐ Yes ☐ No

Q：Do you have a mental or physical disorder that poses or is likely to pose a threat to the safety or welfare of yourself or other？

☐ Yes ☐ No

Q：Are you or have you ever been a drug abuser or addict？

☐ Yes ☐ No

（go to Next page）

◉ Security and Background：Criminal Information

NOTE：Provide the following security and background information. Provide complete and accurate information to all questions that require an explanation. A visa may not be issued to persons who are within specific categories defined by law as inadmissible to the United States （except when a waiver is obtained in advance）. Are any of the following applicable to you? A YES answer does not automatically signify ineligibility for a visa. Please note that should you answer YES to any of the following questions, you may be requested to provide documentation to support your explanation.

Q：Have you ever been arrested or convicted for any offence or crime, even though subject of a pardon, amnesty, or other similar action?
☐ Yes ☐ No

Q：Have you ever violated, or engaged in a conspiracy to violate, any law relating to controlled substances?
☐ Yes ☐ No

Q：Are you the spouse, son, or daughter of an individual who has violated any controlled substance trafficking law, and have knowingly benefited from the trafficking activities in the past five years?
☐ Yes ☐ No

Q：Are you coming to the United States to engage in prostitution or unlawful commercialized vice or have you been engaged in prostitution or procuring prostitution within the past 10 years?

☐ Yes ☐ No

Q：Have you ever been involved in, or do you seek to engage in, money laundering?

☐ Yes ☐ No

Q：Have you ever committed or conspired to commit a human trafficking offense in the United States or Outside the United States?

☐ Yes ☐ No

Q：Have you ever knowingly aided, abetted, assisted, or colluded with an individual who has been identified by the President of the United States as a person who plays a significant role in a severe form of trafficking persons?

☐ Yes ☐ No

Q：Are you the spouse, son, or daughter of an individual who has committed or conspired to commit a human trafficking offense in the United States or outside the United States and have you within the last five years, knowingly benefited from the trafficking activities?

☐ Yes ☐ No

（go to Next page）

🔈 Security and Background：Security Information 1

Q：Do you seek to engage in espionage, sabotage, export control violations, or any other illegal activity while in the United States?

☐ Yes ☐ No

Q：Do you seek to engage in terrorist activities while the United States or have you ever engaged in terrorist activities?

☐ Yes ☐ No

Q：Have you ever or do you intend to provide financial assistance or other support to terrorists or terrorist organizations?

☐ Yes ☐ No

Q：Are you a member or representative of a terrorist organization?

☐ Yes ☐ No

Q：Are you the spouse, son, or daughter of an individual who has engaged in terrorist activity, including providing financial assistance or other support to terrorists or terrorist organizations, in the last five years?

☐ Yes ☐ No

Q：Have you ever ordered, incited, committed, assisted, or otherwise participated in genocide?

☐ Yes ☐ No

Q：Have you ever committed, ordered, incited, assisted, or otherwise participated in torture?

☐ Yes ☐ No

Q：Have you committed, order, incited, assisted, or otherwise participated in extrajudicial killings, political killing, or other acts of violence?

☐ Yes ☐ No

Q：Have you ever engaged in the recruitment of or the use of child soldiers?

☐ Yes ☐ No

Q：Have you, while serving as a government official, been responsible for or directly carried out, at any time, particularly severe violations of religious freedom?

☐ Yes ☐ No

（go to Next page）

🔓 Security and Background：Security Information 2

Q：Are you a member of or affiliated with the Communist or other totalitarian party?

☐ Yes ☐ No

Q：Have you ever directly or indirectly assisted or supported any of the groups in Colombia know as Revolutionary Armed Forces of Colombia （FARC）, National Liberation Army （ELN）, or United Self-Defense Forces of Colombia （AUC）?

☐ Yes ☐ No

Q：Have you ever, through abuse of governmental or political position converted for personal gain, confiscated or expropriated property in a foreign nation to which a United States national had claim of ownership?

☐ Yes ☐ No

Q：Are you the spouse, minor child, or agent of an individual who has through abuse of governmental or political position converted for personal gain, confiscated or expropriated property in a foreign nation to which a United States national had claim of ownership?

☐ Yes ☐ No

Q：have you ever been directly involved in the establishment or enforcement of population controls forcing a woman to undergo an abortion against her free choice or a man or a woman to undergo sterilization against his or her free choice?

☐ Yes ☐ No

Q：Have you ever disclosed or trafficked in confidential U.S. business information obtained in connection with U.S. participation in the Chemical Weapons Convention?

☐ Yes ☐ No

Q：Are you the spouse, minor child, or agent of an individual who has disclosed or trafficked in confidential U.S. business information obtained in connection with U.S. participation in the Chemical Weapons Convention?

☐ Yes ☐ No

（ go to Next page ）

⦿ Security and Background：Immigration Law Violations Information 1

Q：Have you ever sought to obtain or assist others to obtain a visa, entry into the United States, or any other United States immigration benefit by fraud or willful misrepresentation or other unlawful means?
☐ Yes ☐ No

Q：Have you ever been removed or deported from any country?
☐ Yes ☐ No

Q：Have you ever been the subject of a removal or deportation hearing?
☐ Yes ☐ No

Q：Have you failed to attend a hearing on removability or inadmissibility within the last five years?
☐ Yes ☐ No

Q：Have you ever been unlawful present, overstayed the amount of time granted by an immigration official or otherwise violated the term of a U.S. visa?
☐ Yes ☐ No

Q：Are you subject to a civil penalty under INA 274C?
☐ Yes ☐ No

Q：Have you been ordered removed from the U.S. during the last five years?

☐ Yes ☐ No

Q：Have you been ordered removed from the U.S. for a second time within the last 20 years?

☐ Yes ☐ No

（go to Next page）

🔒 Security and Background：Immigration Law Violations Information 2

Q：Have you ever been unlawfully present and ordered removed from the U.S. during the last ten years?

☐ Yes ☐ No

Q：Have you ever been convicted of an aggravated felony and been ordered removed from the U.S.?

☐ Yes ☐ No

Q：Have you ever been unlawful present in the U.S. for more than 180 days （but no more than one year） and have voluntarily departed the U.S. within the last three years?

☐ Yes ☐ No

Q：Have you ever been unlawful present in the U.S. for more than one year or more than one year in the aggregate at any time during the last 10 years?

☐ Yes ☐ No

（go to Next page）

⚲ Security and Background：Miscellaneous Information 1

Q：Have you ever withheld custody of a U.S. citizen child outside the United States from a person granted legal custody by a U.S. court?
☐ Yes ☐ No

Q：Have you ever intentionally assisted another person in withholding custody of a U.S. citizen child outside the United States from a person granted legal custody by a U.S. court?
☐ Yes ☐ No

Q：Have you voted in the United States in violation of any law or regulation?
☐ Yes ☐ No

Q：Have you ever renounced United States citizenship for the purpose of avoiding taxation?
☐ Yes ☐ No

Q：Have you attended a public elementary school or a public secondary school on student （F） status after November 30, 1996 without reimbursing the school?
☐ Yes ☐ No

Q： Do you seek to enter the United States for the purpose of performing skilled or unskilled labor but have not yet been certified by the Secretary of labor?

☐ Yes ☐ No

Q： Are you a graduate of a foreign medical school seeking to perform medical services in the United States but have not yet passed the National Board of Medical Examiners examination or its equivalent?

☐ Yes ☐ No

（go to Next page）

🔑 Security and Background：Miscellaneous Information 2

Q：Are you a health care worker seeking to perform such work in the United States but have not yet received certification from the Commission on Graduates of Foreign Nursing School or from an equivalent approved independent credentialing organization?

☐ Yes ☐ No

Q：Are you permanently ineligible for U.S. citizenship?

☐ Yes ☐ No

Q：Have you ever departed the United States in order to evade military service during a time of war?

☐ Yes ☐ No

Q：Are you coming to the United States to practice polygamy?

☐ Yes ☐ No

Q：Are you a former exchange visitor （J） who has not yet fulfilled the two-year foreign residence requirement?

☐ Yes ☐ No

Q：Has the Secretary of Homeland Security of the United States ever determined that you knowingly made a frivolous application for asylum?

☐ Yes ☐ No

Q：Are you likely to become a public charge after you are admitted to the United States?

☐ Yes ☐ No

（go to Next page）

◉ Social Security Number Information

Q： Have you ever applied for a Social Security number?

☐ Yes ☐ No

Q： Do you authorize disclosure of information from this form to the Department of Homeland Security, the Social Security Administration, and such other U.S. Government agencies as may be required for the purpose of assigning you a social security number（SSN）and issuing you a Social Security card and do you authorize the Social Security Administration to share your SSN with the Department of Homeland Security?

（If you answer 'No' to this question you will not receive a social security card.）

☐ Yes ☐ No

填寫 DS-260 說明

線上填寫 DS-260 表的網頁：https：//ceac.state.gov/IV/Login.aspx

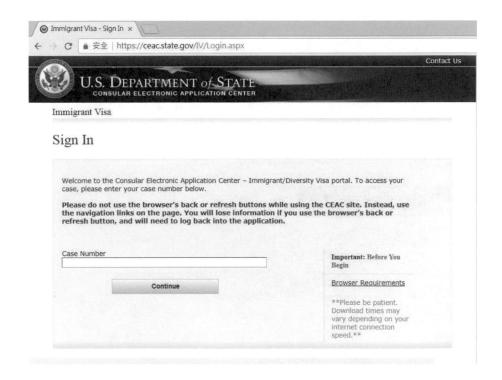

進入網頁，看到登入畫面。

這裡要求輸入案件編號（Case Number），輸入 Case Number 時，要輸入「全碼」的，就是要包含中間的那幾個 0。也就是你在那封查詢中籤通知信上所看到的那個 Case Number。例如： 2020AS00025123 or 2020AS00001234

（後記：DV2020 開始，也可以只輸入有效碼。例如：
2020AS12345）

同時網頁中提醒，整個輸入過程中，請勿使用「回上一頁」及「網
頁重整」的按鍵，這會被強制踢出系統，你必須重新再登入。

接下來進入第二個登入頁面，

Case Number

→會自動帶入前一頁所輸入的 Case Number

Enter the Principal Applicant's Surname

→輸入主申請人的姓氏

Enter the Principal Applicant's Date of Birth

→輸入主申請人的出生日期

Electronic Diversity Visa Confirmation Number

→輸入原始登錄完成後的一組確認碼

I am the

→我的身分是：選 APPLICANT

Enter the characters as show

→輸入確認亂碼

按「Continue」進入下一頁

順利進入後，畫面上會出現主申請人在去年 10 月登錄參加 DV 樂
透抽籤時，所列上的所有有資格一起移民家人的姓名與身分（配
偶或子女）資料。

點選右方處（INCOMOLETE），就可以開始填寫 DS-260 內容。

填寫輸入時，每完成一整頁的資料輸入後，下方會有三個紅色按鈕選項：

「Back」→回上一頁、「Save」→本頁資料儲存、「Next」→下一頁

先點選「Save」將本頁資料儲存。如果你輸入的資料有錯誤或短少，你將無法儲存，系統會提示你，要求你再次輸入。

當你輸入的資料被系統接受後，就可以正常儲存，同時進入下一頁。

接下來，筆者說明每一項的輸入內容。由於每個人真實的情況不相同，所以有些欄位，讀者必須自行判斷，選擇一個最合適的答案。

填寫輸入的過程中，如果你對英文的敘述有疑慮，可以暫時使用 Google Chrome 的網頁翻譯功能，暫時切換成中文。看完後請還是換回英文原文。

🔑 Personal Information 1 → 主申請人個人資料第 1 頁

Note →提示：輸入的資料內容必須與護照上一致

Surnames → 主申請人姓氏。例如：CHANG 或 CHEN

Given Names → 主申請人名字。拼音以護照為準。**中間的「-」可輸也可不輸。**

Full Name in Native Alphabet → 以你的母語輸入主申請人的全名

這是整份 DS-260 表中唯一一個用中文輸入的項目。例：王小明

Have you ever used other names → 你是否有其他的名字。

例如你可能之前有改過名字。或是有另外一個公司同事 or 朋友叫你的英文名字，在這裡你可以選「Yes」並填入。但如果你的護照上有：外文別名（Also known as），就一定要選「Yes」並填入外名全名。

如果不只一個，點「Add Another」加入另一個。

Sex →性別。Male（男） 或 Female（女）

Current Marital Status →婚姻現況。依實際狀況選擇。

Date and Place of Birth →出生日期與出生地

Date of Birth →點選／輸入主申請人的出生日期（與護照所列相同）

229

City of Birth　→輸入出生地（與護照所列相同）

State/Province　→勾選 □「DOES NOT APPLY」

註：凡是不適用自己情況的欄位，請輸入或勾選「DOES NOT APPLY」（不適用）

Country/Region of Birth　　→出生國，拉下選單，選「TAIWAN」

本頁完成後，先按「Save」儲存，再按「Next」進入下一頁。

🎤 Personal Information 2 → 主申請人個人資料第 2 頁

Country/Region of Origin（Nationality） →主申請人國籍

拉下選單，選「TAIWAN」

Provide the following information on your travel documentation：→依照護照內容填入相關資料

Document Type →**有效文件的種類。拉下選單，選「PASSPORT」**

Document ID →護照號碼

Country/Authority that Issued Documen →護照發照國

拉下選單，選「TAIWAN」

Issuance Date →護照的發照日期

Expiration Date →護照的有效截止日期

Q：Do you hold or have you held any nationality other than the one you have indicated above?

→除了前面的國籍外，你是否還有其他國家的身分。依真實情況回答「Yes」或「No」

本頁完成後，先按「Save」儲存，再按「Next」進入下一頁。

Present and Previous Address Information →主申請人現在及過往的居住地址

這個頁面，填寫居住地址時，請依時間流，從時間最近的向最遠的依序填入。

Present Address　　　　　　　　　→現居地址

Street Address（Line 1）　　　　　→地址欄位第 1 行

填入 xx 路 xx 巷 xx 弄 xx 號。

例如：NO.xxx, LANE 245, WANDA ROAD

Street Address（Line 2）*Optional　→地址欄位第 2 行（選填）

填入 xx 區。例如：WANHUA DISTRICT

City　→城市名稱。例如：TAIPEI

State/Province　→州名／省名。這一項勾選：☐ DOES NOT APPLY

Postal Zone/ZIP Code　→郵遞區號

Country/Region　→國家。拉下選單，選「TAIWAN」

Started Living Here　→開始居住的時間。填入月分與年分

重要提示：主申請人填的這項現居住址，將是日後 KCC 安排你們面試地點的依據。以本例來看，我們填的是：TAIWAN，如果日後你的 Case Number is CURRENT，KCC 將會安排你們一家人在台北的美國在台協會 AIT 面試。所以這個地址，最好是填上一個台灣的地址。因為我們在 AIT 面試，會是最容易的。詳細情形在後面的「常見問題」中再說明。

⊙ Previous Addresses

Q：Have you lived anywhere other than this address since the age of sixteen?（Date you turned sixteen：xx-xxx-xxxx）

→**從你 16 歲之後是否有其他的居住地**址（系統會依照你的出生日期，自動帶出你滿 16 歲的日期）。請依實際情形選擇「Yes」或「No」。如果選擇「Yes」，系統會自動帶出另一組的空白地址欄位。

Please provide the following information on all addresses you lived at since turning sixteen. Begin with your address immediately before your current address.

→請依「最近→最遠」的時間順序，填入當時的居住地址與時間。與前面一樣，依序填入地址的各個所需欄位。

完成一個地址的輸入後，如果還有下一個地址，點選「Add Another」，繼續下一組地址的輸入。

沒有下一組地址時，就向下面繼續推進，進入後一項內容。

Phone　→電話

Primary Phone Number　　　→主要使用的電話號碼
Secondary Phone Number　　→次要使用的電話號碼
Work Phone Number　　　　→工作處所的電話號碼

→至少要填入一個可以聯絡的電話。
沒有要填的欄位，請勾選 □ DOES NOT APPLY
填寫時要加入台灣的國碼：886xxxxxxxxx

Q：Have you used any other telephone number during the last five years?

→在過去 5 年間，是否有別的電話號碼（現在沒有繼續使用的電話）請依實際情況選擇「Yes」或「No」

Email　→電子郵件信箱

Email Address　→填入你目前正在使用的 Email。

這個 Email 日後 KCC 會使用它來與主申請人聯絡

Q：Have you used any other email addresses during the last five years?

→在過去 5 年間，是否有別的 Email（現在沒有繼續使用的 Email）請依實際情況選擇「Yes」或「No」

Social Media　→社群媒體的帳號 ID

→拉下選單，選擇你有在使用的社群媒體，並輸入帳號 ID。請依真實情況填寫

Other Social Media　→其他未在上面表列的社群媒體

你是否同意提供最近 5 年內使用的其他社群平台的內容。

依個人實際意願，選擇勾選「Yes」或「No」

本頁完成後，先按「Save」儲存，再按「Next」進入下一頁。

◉ Mailing and Permanent Address Information →通訊地址與美國常駐地址

Mailing Address

Q： Is your Mailing Address the same as your Present Address?

　　→你的通訊地址是否與你的現居地址相同

　　一般情況下，應該是選「Yes」

　　Permanent Address →請提供當你入境美國之後的常駐地址

有關這個住址的說明，在前文關於「DS-260 要準備的資料」中已有說明。這是當你入境美國之後，你的綠卡寄送地址。這個地址相對比較不重要，因為當你入境美國，在海關啟動你的綠卡時，是可以更改這個地址內容的。

Q： Is this address where you want your Permanent Residence Card （Green Card） mailed？ →這個地址是否是你要接收綠卡的郵寄地址？

　　原則上，這個選項是選「Yes」的

本頁完成後，先按「Save」儲存，再按「Next」進入下一頁。

Family Information：Parents
→家庭成員資訊：父母

NOTE 提示：請填入你的親生父母資料。如果你是被領養的，那請填入養父母資料。如果資料內容不清楚的話，則勾選 □ Do Not Know

Father　→父親資料

　　Surnames　→姓氏英文

　　Given Names　→名字英文

　　Date of Birth　→出生日期

　　Place of Birth　→出生地

　　　City　→城市

　　　State/Province　→省份

　　　Country/Region　→國家

Q：Is your father still living?　→父親是否健在

　　依實際情況回答「Yes」或「No」

　　健在的話，繼續輸入現居地址，過世的話，輸入過世年分。

　　接下來輸入母親的個人資料。內容說明大致同上。

　　唯母親的姓氏資料，要輸入的是本姓（出生時的姓氏，不冠夫姓的）。

本頁完成後，先按「Save」儲存，再按「Next」進入下一頁。

⦿Family Information：Spouse →家庭成員資訊：配偶

Current Spouse　→目前配偶

　　Surnames　→姓氏英文

　　Given Names　→名字英文

　　Date of Birth　→出生日期

　　Place of Birth　→出生地

　　　City　→城市

　　　State/Province　→省份

　　　Country/Region　→國家

Spouse's Address　→配偶住址，可以選擇「SAME AS PRESENT ADDRESS」」

Occupation　→配偶職業

Date and Place of Marriage　→結婚日期與地點

　　Date of Marriage　→結婚日期

　　City　→結婚所在城市

　　State/Province　→結婚所在州（可選「Does Not Apply」）

　　Country/Region　→結婚所在國名

Q：Is your spouse immigrating to the U.S. with you?

　　→根據自己的實際情況選擇「Yes」或「No」

本頁完成後，先按「Save」儲存，再按「Next」進入下一頁。

Family Information：Previous Spouse →家庭成員資訊：前配偶

Q：Do you have any previous spouse?

　　→依據實際情況，選擇「Yes」或「No」。

　　（離婚或喪偶都要選「Yes」）

如果選擇「Yes」的話，會帶出另一些資料要填：

Number of Previous Spouse：＿＿＿＿＿　→過往配偶人數

　　Surnames　→姓氏英文

　　Given Names　→名字英文

　　Date of Birth　→出生日期

　　Date of Marriage　→結婚日期

　　Date Marriage Ended　→婚姻終止日期

　　How was your marriage terminated?　→婚姻終止原因

　　依實際情況選擇：「DANNULMENT」（法院宣告無效）、

　　「DEATH」（死亡）或「DIVORCE」（離婚）

Country/Region where marriage was terminated?

→婚姻終止的所在國。依實際情況選擇國名

如果還有第 2 位的前任配偶，選「Add Another」

如果沒有，或已完成本頁輸入。

本頁完成後，先按「Save」儲存，再按「Next」進入下一頁。

🔎 Family Information：Children →家庭成員資訊：子女

Q：Do you have any children?　Number of Children：＿＿＿＿＿

→這個部分，要列出填單的申請人「所有的子女數」。不是指有資格隨同移民的子女數。包括了婚生子女、繼子女、養子女，不論他／她是否是未滿 21 歲的未婚子女；也不論是否要隨同移民的。

Child 1　→開始填入子女的個人資料

　　Surnames　→姓氏英文

　　Given Names　→名字英文

　　Date of Birth　→出生日期

　　Place of Birth　→出生地

　　　City　→城市

　　　State/Province　→省份

　　　Country/Region　→國家

Q：Does this child live with you?

　　→依實際情況做答。

　　如果子女沒有同住，那接下來要填上他 / 她的現居地址。

Q：Is this child immigration to the U.S. with you?

　　→依實際情況回答「Yes」或「No」

本頁完成後，先按「Save」儲存，再按「Next」進入下一頁。

Previous U.S. Travel Information
→以往曾經入境美國的資料

Q：Have you ever been in the U.S.?
→你是否曾經到過美國。依實際情況回答「Yes」或「No」

若上題回答「Yes」，接下來輸入以下資料：

Q：Were you issued an Allen Registration Number by the Department of Homeland Security?
→你是否曾經有過由美國國土安全局發給的「外國人註冊編號」（也稱為 A 編號或 A 檔案）？ A 編號一般是發給申請／持有美國綠卡但非美國公民的一組編號，或是持有 EAD 工作卡的外國人。如果你曾經持有過美國綠卡或工卡，那就曾經有過這一個編號。如果你不知道什麼是 A 編號，那就是不曾有過。
→依實際情況回答「Yes」或「No」

接下來輸入曾經到過美國的日期，與停留的天數。
Date Arrived　　　　→入境美國的日期
Length of Stay　　→停留在美國的天數
如果不只一次，就選「Add Another」，繼續輸入下一筆。

Q：Have you ever been issued a U.S. Visa?
→是否有拿過美國簽證？依實際情況回答「Yes」或「No」
如果有的話，請繼續後面的輸入內容：

Date Visa Was Issued → 舊美簽的簽發日期

Visa Classification → 舊美簽的種類

Visa Number → 舊美簽的號碼

Q：Have any of your U.S. visas ever been lost or stolen?

→你的舊美簽是否有遺失或被竊？依實際情況回答「Yes」或「No」

Q：Have any Of your U.S. visas ever been cancelled or revoked?

→你的舊美簽是否有被取消或撤銷？依實際情況回答「Yes」或「No」

Q：Have you ever been refused a U.S. Visa, been refused admission to the United States, or withdrawn your application for admission at the port of entry?

→你是否有被拒發美簽？被拒絕入境美國？或在入境海關被撤銷許可？

依實際情況回答「Yes」或「No」

本頁完成後，先按「Save」儲存，再按「Next」進入下一頁。

Present Work/Education/Training Information
→現在工作／教育程度／受訓經歷

Primary Occupation　→主要工作的職務。依實際情況選擇

Q：Do you have other occupation?　→是否還有其他職務？
依實際情況回答「Yes」或「No」

In which occupation do you intend to work in the U.S.?
→到美國後，你打算從事什麼工作？可文字說明這個問題。
筆者建議要參加面試的申請人先想好、規劃好，再做答。
如果你想從事的工作不現實的話，很有可能會讓移民官產生：
你有造成美國公共負擔（Public Charge）的疑慮而 Refuse 你的
申請。
透過 DV 抽籤移民美國相對容易，但到了美國之後的生活卻不
是那麼的容易。尤其是美國的醫療費用與醫療保險，對台灣
人而言，光聽到就會嚇的目瞪口呆（搭一趟救護車要價美元
$3,000；一個意外骨折的急救處理至少美元 $7500；住院 3 天
的費用要美元 $30,000）。所以規劃好你赴美之後的工作願景，
並說服移民官相信你做的到，這是你在填表之前要先想好的。

本頁完成後，先按「Save」儲存，再按「Next」進入下一頁。

🔍 Previous Work/Education/Training Information
→過往的工作／教育程度／受訓經歷

Q： Were you previously employed

→在過去的 10 年內，你是否有被雇用？依實際情況回答「Yes」或「No」

如果有的話，要繼續輸入過往工作的資料：（依時間，由最近向最遠輸入）

Employer Name　→公司名稱

Employer Street Address（Line 1）　→公司地址（第 1 行）

Employer Street Address（Line 2）　→公司地址（第 2 行）（如果有的話）

City　→公司所在城市

State/Province　→公司所在州名

Postal Zone/ZIP Code　→公司所在郵遞區號

Country/Region　→公司所在國

Telephone Number　→公司電話

Job Title　→職銜

Supervisor's Surnames　→主管姓氏

Supervisor's Given Names　→主管名字

Employment Date From　→受雇日期

Employment Date TO　→離職日期

Q：Did this job require at least 2 years of training or experience？

→這個職務是否需要至少 2 年的訓練或經驗？

依實際情況回答「Yes」或「No」

如果還有前一個職務，選擇「Add Another」繼續輸入。

Q：Have you attended any educational institutions at a secondary level or above？→你是否有接受國中以上的教育？依實際情況回答「Yes」或「No」

Highest Level of Education Completed　→你完成的最高教育是什麼？

依實際狀況選擇：（這個選項只有主申請人會被問到，因為主申請人有基本高中以上學歷的要求）

HIGH SCHOOL, NO DEGREE　→高中，沒畢業或就學中

HIGH SCHOOL DIPLOMA　→高中，畢業有證書

VOCATIONAL SCHOOL　→技職訓練學校（台灣沒有）

UNIVERSITY, NO DEGREE　→大學，沒畢業或就學中

UNIVERSITY DEGREE　→大學，畢業有學位

ADVANCED DEGREE　→大學以上學位

OTHER　→其他

Number of Educational Institutions Attended：＿＿＿＿＿＿

→一共就讀過幾所學校（從國中以上）依實際情況回答。

下面資料輸入順序，一樣是從時間最近向最遠的順序填寫

Name of Institution　→學校名稱

Street Address（Line 1）　→學校地址（第 1 行）

Street Address（Line 2 →學校地址（第2行）（如果有的話）

City →學校所在城市

State/Province →學校所在州名

Postal Zone/ZIP Code →學校所在郵遞區號

Country/Region →學校所在國

Course of Study →課程內容

這個部分，如果是大學，就填入系所名稱；

如果是高中，請填：ACADEMIC, GENERAL STUDIES

Degree, Diploma or Certificate Receiced

→取得「學位」、「畢業證書」或是「同等學歷證明」

Date of Attendance From →入學日期

Date of Attendance To →離校日期

如果還有下一所學校，選擇「Add Another」繼續輸入。

本頁完成後，先按「Save」儲存，再按「Next」進入下一頁。

Additional Work/Education/Training Information
→附加的工作／教育程度／受訓經歷

Q：Have you traveled to any country/regions within the last five years?

→在過往的 5 年內，你是否有到過別的國家？依實際情況回答「Yes」或「No」

若回答「Yes」，則在下方選出你曾經去過的國家／地區

Q：Have you ever served in the military?

→你是否有在軍中服務過？

這個問題主要指的是職業軍人。一般的義務役雖然可能不在其範疇內，不過筆者建議還是照寫。依實際情況回答「Yes」或「No」。

需要填入的內容如下：（筆者是義務役的陸軍大頭兵退伍）

Name of Country/Region　→服務的國家／地區。拉下選單選擇 TAIWAN

Branch of Service　→軍種。筆者填：Republic of China Army

Rank/Position　→軍階。筆者填：Private First Class （上等兵）

Military Specialty　→軍事技能。筆者填：Field Infantry（野戰）

Date of Service From　→入伍日期

Date of Service To　→退伍日期

Q：Have you Belonged to , contributed to, or worked for any professional, social, or charitable organization?

→你是否曾經「隸屬」、「協助」或「工作」於任何的「專業的」、「社會的」、「慈善的」組織？依實際情況回答「Yes」或「No」

如果選擇「Yes」，則會要求你填入該組織的名稱。

Q：Do you have any specialized skills or training, such as firearms, explosive, nuclear, biological, or chemical experience?

→你是否有相關「槍枝」、「炸藥」、「原子能」、「生物學」或「化學」這些方面的特殊技能或訓練？

依實際情況回答「Yes」或「No」。如果選擇「Yes」，則以文字說明之。

Q：Have you ever served in, been a member of, or been involved with a paramilitary unit, vigilante unit, rebel group, guerrilla group, or insurgent organization?

→你是否有服務於、隸屬於或曾經參與過准軍事組織、自衛隊組織、反動團體、游擊隊組織或叛亂組織？

依實際情況回答「Yes」或「No」。如果選擇「Yes」，則以文字說明之。

Q：Can you speak and/or read languages other than your native language?

→你是否會說或讀除了母語以外的其他語言？

依實際情況回答「Yes」或「No」；如果選擇「Yes」，則以文字說明之。

本頁完成後，先按「Save」儲存，再按「Next」進入下一頁。

Security and Background：Medical and Health Information
→個人安全與背景資訊：醫療與健康方面

Q：Do you have a communicable disease of public health significance such as tuberculosis（TB）？

→你是否患有危害公共健康安全的傳染性疾病？例如肺結核。

Q：Do you have documentation to establish you have received vaccination in accordance with U.S. law?

→你是否有相關文件證明，你已經依照美國法律的規定打完疫苗？

理論上在填寫 DS-260 表時，你應該還沒有做過體檢與打疫苗。你必須在收到 KCC 的面試通知 mail 之後，才會去指定的醫院做體檢與打疫苗。所以這題應該選「No」，並附加說明：Will Get Vaccinations before Interview

Q：Do you have a mental or physical disorder that poses or is likely to pose a threat to the safety or welfare of yourself or other?

→你是否有身心上的疾病會無法控制自己行為，而導致自己或他人的危險？

Q：Are you or have you ever been a drug abuser or addict?

→你是否現在或曾經有過藥物濫用或成癮的情形？

本頁完成後，先按「Save」儲存，再按「Next」進入下一頁。

Security and Background：Criminal Information
→個人安全與背景資訊：刑事犯罪資料

Q：Have you ever been arrested or convicted for any offence or crime, even though subject of a pardon, amnesty, or other similar action?
→你是否曾經因為任何犯罪行為被補或定罪？即使被赦免或其他類似行為。

Q：Have you ever violated, or engaged in a conspiracy to violate, any law relating to controlled substances?
→你是否曾經涉及／或意圖涉及任何違法情事？

Q：Are you the spouse, son, or daughter of an individual who has violated any controlled substance trafficking law, and have knowingly benefited from the trafficking activities in the past five years?
→你是否是在過去 5 年間曾涉及違反有關管制藥物的販運法並從中獲利者的配偶、兒子或女兒？

Q：Are you coming to the United States to engage in prostitution or unlawful commercialized vice or have you been engaged in prostitution or procuring prostitution within the past 10 years?
→你是否要來美國從事賣淫活動或非法的商業活動；或是在過往的 10 年間你曾經從事賣淫或媒介賣淫？

Q：Have you ever been involved in, or do you seek to engage in, money laundering?
→你是否曾經參與或試圖從事洗錢活動？

Q：Have you ever committed or conspired to commit a human trafficking offense in the United States or Outside the United States?
→你是否曾經在美國或美國境外犯行或密謀犯行有關人口販運罪？

Q：Have you ever knowingly aided, abetted, assisted, or colluded with an individual who has been identified by the President of the United States as a person who plays a significant role in a severe form of trafficking persons?
→你是否曾經對，被美國總統認定的嚴重人口販運活動中的重要角色提供援助、合作、協助或是串通？

Q：Are you the spouse, son, or daughter of an individual who has committed or conspired to commit a human trafficking offense in the United States or outside the United States and have you within the last five years, knowingly benefited from the trafficking activities?
→你是否為在美國或美國境外犯行或密謀犯行有關人口販運活動的個人的配偶、兒子或女兒？並且在過去 5 年之間是否有從中獲利？

本頁完成後，先按「Save」儲存，再按「Next」進入下一頁。

Security and Background：Security Information 1
→個人安全與背景資訊：個人安全資料第 1 部分

Q：Do you seek to engage in espionage, sabotage, export control violations, or any other illegal activity while in the United States?

→你是否計劃在美國從事間諜活動，破壞活動，違反出口管制規定，或其他非法活動？

Q：Do you seek to engage in terrorist activities while the United States or have you ever engaged in terrorist activities?

→你是否計劃在美國從事恐怖活動，或是你曾經參與過恐怖活動？

Q：Have you ever or do you intend to provide financial assistance or other support to terrorists or terrorist organizations?

→你是否曾經或計劃向恐怖分子或恐怖組織提供財務援助或其他支持？

Q：Are you a member or representative of a terrorist organization?

→你是否為恐怖組織的成員或代表？

Q：Are you the spouse, son, or daughter of an individual who has engaged in terrorist activity, including providing financial assistance or other support to terrorists or terrorist organizations, in the last five years?

→你是否為過去 5 年間曾從事恐怖活動（包括向恐怖分子提供財務援助或其他支持）的個人的配偶、兒子或女兒？

Q：Have you ever ordered, incited, committed, assisted, or otherwise participated in genocide?

→你是否曾經下令、煽動、從事、協助或以其他方式參與種族滅絕行動？

Q：Have you ever committed, ordered, incited, assisted, or otherwise participated in torture?

→你是否曾經犯過、下令、煽動、協助或以其他方式參與酷刑？

Q：Have you committed, order, incited, assisted, or otherwise participated in extrajudicial killings, political killing, or other acts of violence?

→你是否曾經犯過、下令、煽動、協助或以其他方式參與法外行刑、政治處決或其他暴力行為？

Q：Have you ever engaged in the recruitment of or the use of child soldiers?

→你是否曾經召募或使用過未成年士兵？

Q：Have you, while serving as a government official, been responsible for or directly carried out, at any time, particularly severe violations of religious freedom?

→在擔任政府官員期間，您是否曾在任何時候直接負責或直接實施特別嚴重的宗教自由侵害？

本頁完成後，先按「Save」儲存，再按「Next」進入下一頁。

🔒 Security and Background：Security Information 2
→個人安全與背景資訊：個人安全資料第 2 部分

Q：Are you a member of or affiliated with the Communist or other totalitarian party?

→你是共產黨或其他極權主義組織的成員或會員嗎？

Q：Have you ever directly or indirectly assisted or supported any of the groups in Colombia know as Revolutionary Armed Forces of Colombia （FARC）, National Liberation Army （ELN）, or United Self-Defense Forces of Colombia （AUC）?

→您是否曾經直接或間接協助或支持過哥倫比亞革命武裝力量（FARC），民族解放軍（ELN）或哥倫比亞聯合自衛隊（AUC）的任何組織？

Q：Have you ever, through abuse of governmental or political position converted for personal gain, confiscated or expropriated property in a foreign nation to which a United States national had claim of ownership?

→您是否曾經因為濫用政府職權以謀得私利，在國外因聲稱擁有所有權的美國人要求而被沒收？

Q：Are you the spouse, minor child, or agent of an individual who has through abuse of governmental or political position converted for personal gain, confiscated or expropriated property in a foreign nation to which a United States national had claim of ownership?
→您是否為某人的配偶、未成年子女或代理人，曾經因為濫用政府職權以謀得私利，在國外因聲稱擁有所有權的美國人要求而被沒收？

Q：have you ever been directly involved in the establishment or enforcement of population controls forcing a woman to undergo an abortion against her free choice or a man or a woman to undergo sterilization against his or her free choice?
→您是否曾經參與建立或執行人口管制，使婦女在非自由選擇下實施墮胎，或使男性或女姓在非自由選擇下絕育？

Q：Have you ever disclosed or trafficked in confidential U.S. business information obtained in connection with U.S. participation in the Chemical Weapons Convention?
→您是否曾經批露或販運美國參加「化學武器公約」相關機密的商業資訊？

Q：Are you the spouse, minor child, or agent of an individual who has disclosed or trafficked in confidential U.S. business information obtained in connection with U.S. participation in the Chemical Weapons Convention?

→您是否是曾經批露或販運美國參加「化學武器公約」相關
機密的商業資訊的個人的配偶、未成年子女或代理人？

本頁完成後，先按「Save」儲存，再按「Next」進入下一頁。

⊙ Security and Background：Immigration Law Violations Information 1 →個人安全與背景資訊：違反移民法資訊 1

Q：Have you ever sought to obtain or assist others to obtain a visa, entry into the United States, or any other United States immigration benefit by fraud or willful misrepresentation or other unlawful means?
→您是否是曾經以詐欺，故意造假或其他非法手段來獲取或幫助他人來獲取簽證，進入美國或取得美國移民福利？

Q：Have you ever been removed or deported from any country?
→您是否是曾經從任何國家被遣返或驅逐出境？

Q：Have you ever been the subject of a removal or deportation hearing?
→您是否是曾經參加過任何被遣返或驅逐出境的聽證會？

Q：Have you failed to attend a hearing on removability or inadmissibility within the last five years?
→在過去 5 年間，你是否是曾經缺席被遣返或驅逐出境的聽證會？

Q：Have you ever been unlawful present, overstayed the amount of time granted by an immigration official or otherwise violated the term of a U.S. visa?

→你是否是曾經非法居留，逾期停留或其他違反美國簽證之事項

Q：Are you subject to a civil penalty under INA 274C?

→你是否是曾經因違反 INA 274C 條件遭到處罰？

NA 274C 是有關證明文件造假、詐騙的罰則

Q：Have you been ordered removed from the U.S. during the last five years?

→在過去 5 年間，你是否曾被美國驅逐出境？

Q：Have you been ordered removed from the U.S. for a second time within the last 20 years?

→在過去 20 年間，你是否曾被美國驅逐出境 2 次？

本頁完成後，先按「Save」儲存，再按「Next」進入下一頁。

Security and Background：Immigration Law Violations Information 2
→個人安全與背景資訊：違反移民法資訊 2

Q：Have you ever been unlawfully present and ordered removed from the U.S. during the last ten years?

→在過去 10 年間，你是否曾在美國非法居留並被驅逐出境

Q：Have you ever been convicted of an aggravated felony and been ordered removed from the U.S.?

→你是否曾在美國被判重罪並被驅逐出境？

Q：Have you ever been unlawful present in the U.S. for more than 180 days（but no more than one year） and have voluntarily departed the U.S. within the last three years?

→在過去 3 年內，你是否曾在美國逾期停留超過 180 天（但未超過 1 年），並自動離境？

Q：Have you ever been unlawful present in the U.S. for more than one year or more than one year in the aggregate at any time during the last 10 years?

→在過去 10 年內，你是否曾在美國逾期停留超過 1 年，或合計超過 1 年以上？

本頁完成後，先按「Save」儲存，再按「Next」進入下一頁。

🔒 Security and Background：Miscellaneous Information 1
→個人安全與背景資訊：其他雜項資訊 1

Q：Have you ever withheld custody of a U.S. citizen child outside the United States from a person granted legal custody by a U.S. court?

→你是否曾拒絕給予，被美國法院所授權的美國合法監護權人在境外子女的監護權？

Q：Have you ever intentionally assisted another person in withholding custody of a U.S. citizen child outside the United States from a person granted legal custody by a U.S. court?

→你是否曾意圖協助他人拒絕給予，被美國法院所授權的美國合法監護權人在境外子女的監護權？

Q：Have you voted in the United States in violation of any law or regulation?

→你是否在美國違反任何法律或規定進行投票？

Q：Have you ever renounced United States citizenship for the purpose of avoiding taxation?

→你是否曾經為了避免繳稅而放棄美國國籍？

Q：Have you attended a public elementary school or a public secondary school on student （F） status after November 30, 1996 without

reimbursing the school?

→你是否曾在 1996.9.30 之後以 F 簽證進入美國公立中小學就讀，卻未繳付學費？（筆者按：你不能持 F 簽證在美國讀中小學而不繳交任何費用）

Q：Do you seek to enter the United States for the purpose of performing skilled or unskilled labor but have not yet been certified by the Secretary of labor?

→你是否計劃以技術類或非技術類勞工為目的進入美國，但尚未被勞工部認可？

Q：Are you a graduate of a foreign medical school seeking to perform medical services in the United States but have not yet passed the National Board of Medical Examiners examination or its equivalent?

→你是否是國外的醫學院畢業生，計劃在美國尋找提供醫療服務的機會，但尚未通過美國國家醫療委員會的考試？

本頁完成後，先按「Save」儲存，再按「Next」進入下一頁。

Security and Background：Miscellaneous Information 2
→個人安全與背景資訊：其他雜項資訊 2

Q：Are you a health care worker seeking to perform such work in the United States but have not yet received certification from the Commission on Graduates of Foreign Nursing School or from an equivalent approved independent credentialing organization?
→你是否是想在美國從事醫療保健的工作者，但尚未取得國外護理學校的畢業認可或相關的獨立機關認證？

Q：Are you permanently ineligible for U.S. citizenship?
→你是否已被判定永遠不得成為美國公民？

Q：Have you ever departed the United States in order to evade military service during a time of war?
→你是否曾經因為逃避戰爭兵役而離開美國？

Q：Are you coming to the United States to practice polygamy?
→你是否想來美國實施一夫多妻制？

Q：Are you a former exchange visitor （J） who has not yet fulfilled the two-year foreign residence requirement?
→你是否是持 J 簽證的前外國訪問學者，並尚未滿足離境 2 年的規定？

Q：Has the Secretary of Homeland Security of the United States ever determined that you knowingly made a frivolous application for asylum?

→你是否曾經向美國國土安全局提出愚弄的庇護申請？

Q：Are you likely to become a public charge after you are admitted to the United States?

→當你來到美國之後是否會成為政府的公共負擔者（使用政府提供的福利資源）

本頁完成後，先按「Save」儲存，再按「Next」進入下一頁。

🔑 Social Security Number Information
→社會安全號碼資訊

註：Social Security Number（SSN）是美國個人的稅籍號碼，也是唯一性的號碼，類似台灣的國民身分證。如果你之前未曾在美國合法工作過，那你應該沒有 SSN，基本上就需要申請一個。如果你之前曾經取得過 SSN，那個號碼因為是唯一性的，所以就不用再申請新的 SSN。

Q：Have you ever applied for a Social Security number?
　　→你是否曾經申請過 SSN

Q：Do you authorize disclosure of information from this form to the Department of Homeland Security, the Social Security Administration, and such other U.S. Government agencies as may be required for the purpose of assigning you a social security number（SSN）and issuing you a Social Security card and do you authorize the Social Security Administration to share your SSN with the Department of Homeland Security?
　　（If you answer 'No' to this question you will not receive a social security card.）
　　→你是否同意將本表單（DS-260）中所填的資料提供給美國國土安全局、社會保障局以及其他可能需要的美國政府機構，以便配發你的 SSN 與 SSN 卡片。並且同意國土安全局與社會保障局共享你的 SSN 資料。

（假如你的回答是「No」的話，你將不會被發給 SSN 卡）

本頁完成後，先按「Save」儲存，再按「Next」進入下一頁。

DS-260 的填表輸入，到此告一段落。

下一頁你會看到之前所有填表的內容。請務必很仔細的，一個字母一個字母從頭檢查確認一次。如果有錯誤，就返回輸入頁面修改。

此外，在最後一頁會有：

Interview Location Information：TAIPEI, TAIWAN

要確認一下，面試地點是不是台北（AIT）。

整個看完無誤之後，可以使用印表功能列印出來。

DS-260 表一旦線上遞交（Sumit）之後，就無法撤回、取消；不過可以更改內容。筆者的建議是，完成 DS-260 之後，暫時不要立刻遞出，以避免過些時日，資料有變更時還要向 KCC 申請解鎖 DS-260 表修改。

此外，一旦遞交 DS-260 表之後，就建立了你們的「移民意圖」（包含家屬）。如果還要申請美國的非移民簽證（例如：B1/B2/F1……等），相對就會比較有風險。即使最後你們因為某些個人因素，並沒有參加 AIT 的移民面試；但「移民意圖」已建立，是永遠有記錄的。

你可以用前文中所介紹的內容，判斷最適合遞出 DS-260 表的時間點；然後在此之前，如果有必要申請非移民簽證，就先處理。這也是我們延後 DS-260 表遞交的主要目的。

如果你的 Case Number 是屬於後段班的，那務必要先等待，確認自己的 Case Number 至少有 80% 的機會會「CURRENT」時，再確認遞出。

DS-260 表完成之後，可以休息等待一段時間。

等到離你的 Case Number 可能會 CURRENT 的前 3-4 個月，就可以正式 Submit 遞出已經完成的 DS-260 表。在 Submit 之後，螢幕上會出現一張確認單，請將這張確認單列印出來，因為去 AIT 面試時，需要攜帶這一張確認單的。

|線上遞交 DS-260|

當你從 Visa Bulletin 上看到，並推估大約 3-4 個月之後，你的 Case Number 將會 CURRENT，這時你就可以正式遞交 DS-260 表了。

首先一樣，先進入 DS-260 表的填寫網頁，然後點選申請人姓名右方的「INCOMPLETE」按紐，再從第 1 頁逐頁走過一遍，並檢查填寫內容有無錯誤（常見的是單字拼錯字母）；或是是否有新增的問題當初填寫時沒有填到。如果有新增的問題沒有被填寫到，當你按「NEXT」時就會跳出錯誤訊息，指示你哪個題目沒有填到。筆者在 DV2020 的 case 中，當筆者完成第一次填寫 DS-260 表之後，KCC 又新增了 3-4 個題目，筆者一開始時並沒有填寫到。其中有一個問題是：

Q：Have you traveled to any country/regions within the last five years?

可能是因為此題是新增的題目，網頁系統並沒有修改的很完善，所以發生了一個很奇怪的現象。當你這一次回答完這一個問題之後並存檔，然後在後面的「REVIEW」內容也可以看到你的回答結果，列印出來的報表上也有。但如果沒有直接「SUBMIT」，下一次再進入此系統，這一題就會變成「未填」。

DV2020 的面試時，國外就有很多人被移民官問到，為什麼這一題不做答，是不是有意隱匿過往的一些不當旅遊史（例如

去過中東的一些國家）；被面試的申請人則表示，他確實有回答過。至於這算不算是 Fraud（說謊、造假），後續情況筆者並不知道。

所以，在決定要正式遞交（SUBMIT）DS-260 表時，最好再重頭仔細走一遍，並檢查每一個問題是否有回答；輸入的單字是否有拼寫錯誤。

接著下去是「REVIEW」，你會看到整理過後的 DS-260 表內容。在「REVIEW」的網頁右上方，有一個「PRINT」列印的選項。如果這已經是你最後一次的檢查，並立刻要遞交（SUBMIT），那就不要列印。因為遞交完成後可以列印一份有確認碼的 DS-260 表，屆時再印即可。

完成「REVIEW」之後，就進入「SIGN」簽名並遞交的選項。

在最後遞交的過程中，分別要填入以下幾項資料：

Did anyone assist you infilling out this application?

是否有人協助你填寫這份申請表 DS-260

Preparer Surnames、Given Names、Address、Relationship to You

協助者的姓、名、地址、與你的關係

（若是幫配偶與小孩填寫 DS-260，關係就填：SPOUSE 及 FATHER/MOTHER）

Enter your KCC Case Number

這裡的 Case Number 請只填有效數字，「0」不填

Enter your Passport Number

這一份 DS-260 申請人的護照號碼

Enter the code below as shown

填入隨機驗證碼

如果是附屬家人的 DS-260 表，則還要加填：

Case Number

一樣，主申請人的 Case Number

Enter the Principal Applicant's Surname

主申請人的姓

Enter the principal Applicant's Date of Birth

主申請人的出生日期

Electronic Diversity Visa Confirmation Number

主申請人最早的那一份通知函上的確認碼

完成後點選下方的「Sign and Submit Application」，就正式完成 DS-260 遞交了。

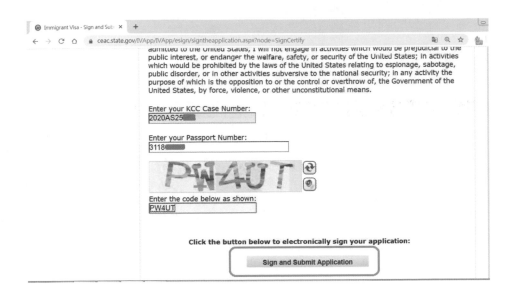

接著螢幕會出現完成遞交的確認畫面，直接點
「Next：Confirmation」即可：

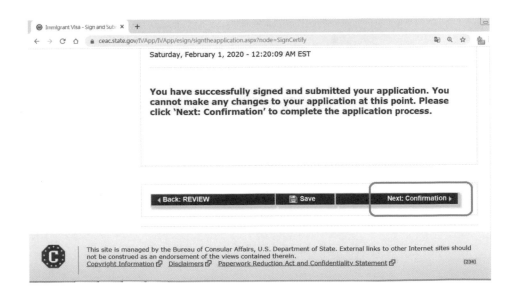

最後，你會看到這個畫面：

此時你要列印 2 份資料下來，一份是「Confirmation」確認單，這是日後面試時要帶的文件之一；一份是「Form DS-260」，你可以確認你遞交時的輸入內容。日後如果真的有變動，再考慮是否 Unlock DS-260 修改。

列印完成的 Confirmation 確認單

2020/2/1   Immigrant Visa and Alien Registration - Confirmation Page

U.S. DEPARTMENT of STATE
CONSULAR ELECTRONIC APPLICATION CENTER

Online Immigrant Visa and Alien Registration Application (DS-260)

Immigrant Visa and Alien Registration Application Confirmation

Thank You
Your Immigrant Visa and Alien Registration Application (DS-260) was sent to the Kentucky Consular Center (KCC) for review.

Next Steps
All Diversity Visa applicants must:

1. Obtain required supporting civil documents.
2. Obtain photographs that meet the Department of State's visa requirements.
3. Review the information specific to the U.S. Embassy/Consulate General where your visa interview will occur.

You do not need to submit any documentation to the Kentucky Consular Center. The KCC will review your application and will notify you if any of the information you have provided is insufficient or incomplete. Your DS-260 application will be kept on file with KCC until a visa number is available for you and your case can be scheduled. When your case is scheduled, the KCC will send you an email message directing you to log into the Entrant Status Check (ESC) website for further instructions.

If you would like to change your interview location, you must contact the Kentucky Consular Center by sending an e-mail to (KCCDV@state.gov) before your interview is scheduled. Your e-mail must include your name and case number, and must clearly indicate where you would like to be interviewed. Please note that once you have an appointment, you must contact the consular section where you have been scheduled in order to request a change. It may not be possible to change the location of your interview after you have been scheduled.

This confirms the submission of the Immigrant Visa and Alien Registration application for:

Name Provided:	HUANG, ▓▓▓▓▓
Country/Region of Origin (Nationality):	TAIWAN
Completed On:	01 FEB 2020
Case No:	2020AS25▓▓
Confirmation No:	AA00993▓▓

2 0 2 0 A S 2 5

A A 0 0 9 9 3

附註：

由於整個申請過程中，有一些資料需要列印留存。但不見得所使用的電腦或所在的地點有可用的印表機。筆者建議讀者可以在電腦上安裝一個 pdf 文件列印軟體。當需要使用印表機時，就直接列印成 pdf 文件留存；如果日後有必要時，再將 pdf 列印輸出即可。這樣的做法可以解決要列印時剛好沒有印表機的問題；也可以將

列印的文件以 pdf 方式保存下來。只要你的電腦沒有問題，文件的留存相對是穩妥的。

筆者個人使用的 pdf 列印軟體是「Bullzip PDF Printer」這個免費軟體，也推薦給本書讀者自行安裝使用。

下一階段，我們要開始收集 KCC 會要求我們 mail 的「必要文件」（Required Documents）

◼◼ | 常見問題 |

Q. 前文提及，在美國在台協會 AIT 面試相對容易，是何意？

A. DV 樂透中籤面試時，需要準備很多的官方證明文件。這些文件基本上都是中文的（當然有部分文件在申請時，有英文版可以申請；但並非所有的文件都有英文版的）。如果你是在 AIT 參加面試，你準備的所有文件都可以使用中文的，無需翻譯成英文。AIT 接受中文或英文的所有文件。這會省去很多的問題。

其次，在台灣體檢也會簡單很多。前文曾經提及，台北的台安醫院每天都可以辦理，二週之後就能拿到報告。不像在美國，你必須先上網找到你所在的地區，有哪些是符合美國領事事務局特約的醫生，然後預約，再過去檢查。相對會複雜很多。而且在 AIT 面試時，移民官也會講中文，所以你可以使用中文面試的。

只有一種情況下，你可能會選擇在美國面試。就是你之前入境美國的 Visa 已經過期，如果回台，可能因為某些原因，無法確定能 Renew 你的 Visa。在這樣的前題下，你只能選擇在美國地區面試（這種操作方式稱為 AOS, Adjustment of Status）。不過除非你的 Case Number 是中水位以下的號碼，相對風險較小。如果你的 Case Number 是高水位的天花板後，筆者比較不建議 AOS。因為 AOS 的面試時間相對 CP 會比較長，如果讀者的 Case Number 相對較高，就會有最後逾期的風險。

Q.我的配偶（或子女）不想移民美國，但是否可以一樣參加面試，
最後再來決定是否要同行？

A.可以的。

不想一起移民的家人，也可以一起完成整個中籤之後的作業流
程。但一旦遞交 DS-260 表之後，不管配偶／子女最終是否有一
起移民美國，都會有一個「移民意圖」的紀錄。其實不想移民
的家人，他的選擇有以下幾種方式：

1. 在主申請人填寫 DS-260 表時，就註明不與主申請人移民。那
   後續所有的程序都不用再理會。這是相對最簡單也最省錢的
   方式（不用繳交體檢／打疫苗的費用、也不用繳交面試的費
   用），也不會有任何「移民意圖」的紀錄（因為沒有遞交 DS-
   260 表）

2. 仍然填寫 DS-260 表，延長考慮的時間。如果最終決定不去，
   那可以在體檢前煞車，不做體檢，當然也不參加 AIT 的面試。
   如果配偶／子女不是家庭主要收入的來源，基本上面試時是
   不會影響主申請人的核准的。但如果因為配偶是家庭的主要
   收入來源者，不隨同移民美國，會引起移民官擔心你們沒有
   經濟來源而造成美國政府的「公共負擔」（Public Charge），
   這時就有可能會影響主申請人的被核准。這種情況下，我建
   議選擇第 3. 種方式。

3. 不隨同移民的家人，一樣全程參與面試的程序，包含填寫／
   遞交 DS-260 表，體檢／打疫苗，參加面試。最後全家通過面
   試，取得美簽護照。此時不想移民的家人就繼續留在台灣，
   等到體檢日期之後的 6 個月後，他的移民美簽就自動失效了。
   這位沒有入境美國的家人，並不會影響已經入境美國的家人
   後續取得實體綠卡的程序。這種方式相對安全一些，只是要

多花費一份體檢╱打疫苗，與面試的費用。

Q.我在遞出 DS-260 表之後結婚了（或是有了新生 baby），我該如何處理？

A.先說明在遞交 DS-260 表之後，有了新生 baby 的處理狀況。

我們分二種情形說明：

1. 主申請人可以在等小嬰兒出生後，有了相關資料，再遞交 DS-260 表，且不致影響排到面試的時間。這種情況下，筆者建議主申請人將遞交 DS-260 表的時間延後一點，等小嬰兒出生後，有了姓名、出生日期、出生地等資料，再將小嬰兒加入 DS-260 表中，然後遞出。其他相關文件可以準備好之後，在面試時再交予移民官。不過小嬰兒與大人一樣，也必須先接受體檢，才能一起參加面試。

2. 主申請人已遞出 DS-260 表與必要文件之後，小嬰兒才出生。此時要看主申請人的 Case Number 是否已經 CURRENT 並排好面試日期了。如果已已經排好了，那就無法在 DS-260 表中更新加入小嬰兒的資料。只能備妥所有需要的文件資料，先以 mail 告知 KCC 與要面試的美國使領館。然後在面試時向移民官提出申請，多拿一個 Visa。理論上移民官手中應該會有 1,2 個備用的 Visa，所以筆者認為應該還是 ok 的。

如果主申請人的 Case Number 尚未排定面試日期，那可以寫信給 KCC，要求解鎖 DS-260 表，並加上小嬰兒的資料後，重新遞出。這樣完全不會影響相關的權益的。

附註：如果小 baby 在主申請人已經完成面試之後才出生。那可以在主申請人第一次入境美國時，直接向美國機場的移民局提出申請，取得 baby 的綠卡。

再來看，在遞出 DS-260 表之後，結婚了，要怎麼處理。

其實這個問題應該不會發生在「正常的情侶」身上。因為你在去年的 5 月分就已經得知你抽中了 DV 綠卡樂透。而你有一個明年就要結婚的伴侶，此時，正常的情侶，你們不會考慮提早舉行婚禮嗎？好的，就算去年 5 月還沒談到論及婚嫁，那準備一個婚禮，總要 3、5 個月吧，假設你們今年 5 月要結婚，那今年 1 月也該論及婚嫁了吧。那你們大可先到法院辦妥公證結婚儀式，然後慢慢準備到 5 月正式宴請。所以主申請人有很多的時間，可以等到二人取得合法婚姻文件之後再遞交 DS-260 表。因此，在**主申請人已經遞出 DS-260 表之後發生的結婚行為，移民官可以合理的推斷，那是假結婚真移民**。所以筆者的建議，不要嘗試這麼做，因為主申請人也會因此而被 Refused 的。

Q. DS-260 表遞交的最後期限是什麼時候？

A. 其實 DS-260 表遞交的最後期限就是本年度 DV 樂透程序結束的那天，每年的 9 月 30 日。不過 KCC 收到 DS-260 表之後，還有一些後續的作業要處理，才能安排面試時間。所以如果你的 Case Number 在本年度可以 CURRENT 的話，那筆者建議最後遞出的日期是 5 月 10 日之前。

Q. 我在遞出 DS-260 表之後發現填寫的內容有錯誤，可否修改？

A. 可以。

DS-260 表在未正式 SUBMIT 之前，你隨時可以上線，輸入 Case Number 與主申請人的個人資料，就可以修改已經存檔的內容。

但在 SUBMIT 之後，基本上你的 DS-260 表就被鎖住了。除非你

有非常重要的項目需要更正（例如：有了新生兒、有家庭成員不隨同移民美國、護照遺失重辦……）；而一般本來就可能因為時間變動而變更內容的項目（例如：換了新的工作、通訊地址變更……），筆者不建議解鎖更改。一些不重要的問題答案變更，必要時，可以在面試時向移民官提出修正的請求，是不是需要更正，可由移民官決定。

如果你在 SUBMIT 之後要修正 DS-260 的內容，必須寫一封 Email 給 KCC 請求解鎖。KCC 在收到你的請求之後，會將你的 DS-260 解鎖並以 Email 告知你。你完成修正之後，要重新 SUBMIT。

在你寄出解鎖請求之後，KCC 解鎖的時間從 2 小時 -2 週不等。不過一旦你的 Case 已經排定面試時間，雖然你也許尚未接到通知面試的 Email，但此時就不再允許你解鎖 DS-260 了。

請求解鎖的 mail 說明如下：

寄至：KCCDV@state.gov

Mail 內容中要註明：Case Number，主申請人全名、主申請人生日，你要解鎖的是哪一份？但不用註明要求解鎖的原因

Case Number 要寫全碼，包含數個「0」

主申請人的姓名：先 Given Name，再 Surname

主申請人的生日：mm/dd/yyyy

範例：

Subject ：Unlock Request by case number：2020AS00012345

Body：

Case Number：2020AS00012345

Principal Applicant's Name：FirstName LastName

Principal Applicant's Birth：01/31/1975

Dear Madam/Sir,

Please unlock my DS260 form as I would like to make some revisions.

Thank you

假如是要修改主申請人的配偶資料：（子女亦同）

Case Number：2020AS00012345

Principal Applicant's Name：FirstName LastName

Principal Applicant's Birth：01/31/1975

Spouse：

Case Number：2020AS00012345

Spouse's Name：FirstName LastName

Spouse's Birth：06/30/1970

Dear Madam/Sir,

Please unlock my SPOUSE's DS260 form as I would like to make some revisions.

Thank you

Q.我在遞出 DS-260 表之後，可否變更日後面試的地點／國家？

A.可以。但操作上會有一點複雜。

　　首先再說明一次，你的面試地點／國家，是以主申請人在 DS-260 表上所填的現居地址（Present Address）所在國家來決定的。例如你目前在澳洲讀書（或工作），你填上的 Present Address 如

果是澳洲，那 KCC 就會安排你就近到澳洲（雪梨市）的美國使領館面試。如果當時你雖然暫住澳洲，但你的 Present Addrcss 填的是台灣地址，那你就會被安排至台北的 AIT 面試。

補充說明一點，只有主申請人的 Present Address 才是決定面試地點的依據，附屬家屬的 Present Address 是不會影響面試地點的。因為他們必需跟隨主申請人所在的地方一起面試。

現在的狀況是，你想變更現居地（面試地點）的做法。

為了解說完整，我們分成三個階段來說明：

1. DS-260 表尚未遞出前：

   只要你在主申請人的 Present Address 填上你想要面試的所在國地址，KCC 就會安排該地區的面試使領館。因為你還沒有 Submit，所以要更改時，就直接在 DS-260 上修改即可。

2. 已遞出 DS-260 表，但尚未接到 2NL 的面試時間通知函：

   這個階段，你的資料仍歸 KCC 管轄。如果想要變更面試地點，要寫一封信給 KCC（kccdv@state.gov）要求變更面試的地點，並說明：變更的原因（主因你的現居地變更了）、新的居住地址、Case Number、主申請人的姓名、出生日期，並要求解鎖 DS-260，以便你修改 Present Address。

3. 已排定面試日期（收到 2NL 通知）：

   這個階段時，你的資料已經從 KCC 移轉到你之前所填的現居地區的美國使領館，並準備安排面試中。此時如果你要變更面試地點，就必須先聯絡你想變更的那個新的面試地點的美國使領館，詢問他們是否可以接受你的面試移轉？如果可以。那再聯絡原先排定的那個美國使領館，告知他們你現在的狀況，請求他們將你的資料移轉至你現居地的美國使領館。

   從上面的敘述中可以看出，這二來二往的溝通聯絡，將會耗

去不少時日;同時二邊使領館都會有不確定的因素存在;加
上資料移轉的遺失／延誤風險。

所以筆者的建議,如果已經被排定面試日期後,除非碰到無
法解決的困難,否則不要輕易想變更面試的地點。

CHAPTER 8

準備面試文件

遞交「必要文件」 Documents Required

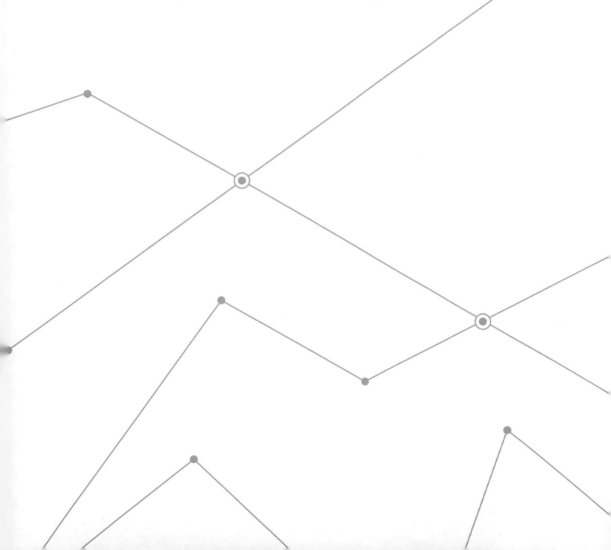

┃中籤後要做的事┃

1. 判斷自己案件編號的相對低中高 →已完成

2. 估算可能面試的月分 →已完成

3. 推估 DS-260 遞送的月分 →已完成

4. 填寫完成 DS-260 表並線上遞交 →已完成

5. 準備要 mail 的必要文件，並以 mail 遞出

--------- **申請人必須先完成第 4. 與第 5. 這二項文件的遞交，**

--------- **KCC 才會開始正式處理有關安排面試時間的程序**

6. Visa Bulletin 上看到自己的 Case Number is CURRENT

7. 收到 AIT 寄來的面試日期通知函（2NL）

8. 準備面試所需的文件

9. 安排體檢、打疫苗

10. 帶著萬全準備與輕鬆心情去 AIT 面試

11. 收到 AIT 寄來完成移民簽證的護照信封

12. 以體檢日期起算，6 個月內完成入境美國

▋▋|「必要文件」與 DS-260 不同|

在完成遞交 DS-260 表之後，KCC 就會開始把你的 Case 列入記錄了。同時開始審查你的 DS-260 表。一般狀況大約需要 3-4 週的時間。

（提醒：當你線上遞出 DS-260 表之後，也就明白的宣佈，你有「移民美國的意圖」了。在正式完成面試程序，取得移民簽證之前，你如果嘗試申請非移民簽證，都會被拒簽並留下記錄。這一點再提醒大家一次。）

如果 DS-260 表沒有問題，接下來 KCC 會發出一封 Email 給主申請人 DS-260 所寫的 mail address，告知並要求所有申請人準備一些「必要文件」（Documents Required），自行掃瞄後以 mail 傳送給 KCC。

記住一個大原則，只有當你滿足下列三項條件後，KCC 才會安排你的面試時間：

1. 所有申請人的 DS-260 表均已遞交完成

2. 所有申請人的「必要文件」（Documents Required）均已掃瞄，
  並 mail 遞出

3. 你的 Case Number is CORRENT

在 DV2019 之前的所有 DV 樂透，KCC 都是在申請人遞交 DS-260 表並完成審核之後，才開始對主申請人發出要求「必要文件」的 Email。不過 DV2020 開始，KCC 在 10 月分左右，就對「所有」

中籤的主申請人發出了 Documents Required Letter，不論主申請人是否遞交了 DS-260 表。這個動作也等於向所有的中籤者發出了通知函，讓許多原本並不知道自己已經中籤的申請人驚喜連連。

一般認為，KCC 的這個變動，可能是想加快他們資料處理的時間，以免每每到了後半年時，因為累積了太多的申請資料而致工作量增加。對中籤者而言，也算是好事一樁。

所以當你完成了 DS-260 的遞交之後，就耐心的等待 3-4 週的時間。直到收到 KCC 發出要求遞交 Documents Required 的 mail 之後，才能遞交「必要文件」。不要自做主張，在沒有收到要求 mail 之前就逕行遞交，因為這樣是不被接受的。

只有一種情況是例外的，就是在 Visa Bulletin 上已經可以確定，你的 Case Number 即將 CURRENT，但你仍未接到 KCC 要求遞交「必要文件」的通知。這時你可以用 mail 向 KCC 詢問，告知他們你尚未被通知可以遞交 Documents Required，請問是否需要遞出了？（有可能是 KCC 有發出，而你沒有正確的接收到。原因可能是寄送時 mail box 出了問題，或是遺失，被判定為垃圾郵件等因素）

此外，還有一點要說明。Documents Required 與 DS-260 的遞交確認並不相同。DS-260 只要完成線上 Submit 並取得確認單後，就表示已經「完成」遞交程序。至於表中的內容有錯誤或短少，都不影響已經「完成遞交」的事實。如果事後發現 DS-260 表中有錯誤，或是其他的原因（例如結婚或是小孩出生等），你可以要求 KCC 解鎖 DS-260，完成修正之後再次 Submit。在解鎖的這段時間裡，你會暫時被列為尚未完成 DS-260 遞交程序。但當你修改完畢之後，一按下 Submit，就又再次完成了遞交程序。當然表中的一些小問題，你可以不用解鎖修正，只需在面試時向移民官提出說明即可。

只要不是刻意的說謊造假，基本上都不會問題的。

但 Documents Required 必要文件就不同了。因為每個人的情況不同，有人單身、有人已婚、有人離婚、有人喪偶；有人曾在國外住過；有人當過兵或曾經是職業軍人；有人曾有法院記錄等等。各人情況不同，也導致每個申請人的「必要文件」也不盡相同。所以電腦無法判斷你所遞交的「必要文件」是否「完整齊全」，而必須透過 KCC 的人員以人工方式判讀。

一般 KCC 判讀「必要文件」大約需要 6 週的時間。當 KCC 收到你 mail 的「必要文件」時，電腦會先自動回覆你一個 mail，告知你，KCC 已收到 mail。這也是唯一可以確認 E-mail 沒有問題的重要依據。

但問題是，當 KCC 人員判讀後發現你的文件不完備時，KCC 並「不一定會」主動告知你；只有你遞交「必要文件」是完整齊備的，「有時候」KCC 會主動以 mail 告知你，你已完成所有文件的遞交，等待後續處理。

所以有可能會發生的狀況是：

你已 mail 出「必要文件」，也收到 KCC 的自動回覆郵件，你認為已經完成遞交程序了；但 KCC 判讀後發現文件內容不對或短少，但他們並不會告知你。於是你就因為「未完成所有文件的遞交」而被排除在面試之外，只是你自己卻不知道。

因此，在準備自己與家人的 Documents Required 時，一定要仔細閱讀 KCC 寄發的要求信函，了解自己要準備的文件與內容；並準確的依照 KCC 對每一份文件的命名要求，精確的輸入每一份文件的檔案名稱；然後以不超過 30M 的大小，以 mail 遞出。

補充說明一下有關 KCC 處理「必要文件」的程序。

其實 KCC 每年都有或多或少的去修改 DV 樂透抽籤面試的程序，以目前 2020 年的狀況是：KCC 新增了一個獨立的部門來處理所有中籤者的「必要文件」遞交作業，這個獨立部門與 KCC 正常處理安排面試的部門是平行單位，而且彼此無法聯絡溝通。

至於處理「必要文件」的順序，「一般認為」應該是依照中籤者的 Case Number，而不是先到先處理。從一些中籤者的反饋來研判，他們是依照 Visa Bulletin 上面即將 CURRENT 或是已經 CURRENT 的案件順序來處理。

所以，如果你在 10 月分完成 DS-260 及「必要文件」的遞交之後，如果你的 Case Number 是屬於後段班的，假設預計會在隔年的 8 月 CURRENT。在這種情形下，雖然你在 10 月分就已經完成遞交「必要文件」，也收到自動回覆的 mail；但在隔年的 4 月之前，如果你詢問 KCC，你的 DS-260 與「必要文件」是否已被處理並接受。KCC 的標準回覆都是：當你的 Case Number IS NOT CURRENT 之前，我們是無法得知你文件的情況。

雖然依據 KCC 的官方說法是，他們如果發現你的「必要文件」有問題時，會通知中籤者補件。但以實際的中籤者反饋來看，並沒有人真正收到需要補件的通知，而是被判定「文件不齊全」而 pending 你的面試安排。

所以，如果你在 Visa Bulletin 上研判自己將於下一個月 CURRENT，但此時尚未收到 KCC 的通知：你的所有文件都已 OK，請你等待 CURRENT 之後就會被安排面試。此時你就一定要主動以 mail 或電話詢問 KCC：If you are satisfied with my/our documents?

關於 Documents Required 的注意事項，整理如下：

1. 一定要等收到 KCC 的要求「必要文件」的 mail 之後，再遞交。（DV2020 的情況，也許你在還沒遞交 DS-260 表時就已經先收到 KCC 要求「必要文件」的 mail。那你在完成 DS-260 表遞交之後，就可以 mail「必要文件」）

2. 如果你已遞交 DS-260 一段時間了（至少 1 個月），同時自己的 Case Number 也快 CURRENT，但都未收到 KCC 要求遞交「必要文件」的 mail。（其實也有可能是 KCC 有發出，但 E-mail 的寄送時出了問題。遺失或被判定為垃圾郵件）。這時你可以寫 mail 問一下 KCC，你是否可以遞交 Documents Required？

3. 正確的準備好所有需要的文件資料，並依 KCC 的規定以 mail 寄出。

4. 確認有收到 KCC 自動回覆的通知 mail。

5. 6-8 週之後，在 Case Number 即將 CURRENT 的前提之下，如仍未收到 KCC 通知你的所有文件均已完備的 mail。主動以 mail 或電話詢問 KCC：If you are satisfied with my/our documents？

6. 確認收到 KCC 告知，所有文件都已 OK。
正常情況下，KCC 會在你的 Case Number 要 CURRENT 的前一月之前告知。

7. 接下來就是等待 Case Number is CURRENT，然後收到面試時間通知（2NL）。

◼️◆ | 準備與遞交「必要文件」|

KCC 發出的 Documents Required Letter 全文如下：

Date：xx/xx/xxxx

Case Number：2020AS000xxxxx

Dear xxx xxx xxxxx：

Congratulations on your selection for the 2020 Diversity Visa program!

Please read this email and carefully follow the instructions listed in order to have your application processed as quickly as possible.

You should review the list of required documents for processing below and send those to KCC to review as part of your application package, along with completing your DS-260. <u>You will only be scheduled for interview at an overseas consular post after you have completed your DS-260 and submitted all documents required for your case and your visa rank number has become current.</u>

All documents should be submitted as attachments to your email to ensure they are properly received. We ask that you use the following method to name and attach your files：

- Your DV case number;

- The full name of the applicant whose document you scanned; and

- The document name or form number.

For example：

2020AF00938653_John_Doe_Passport.pdf

2020AF00938653_Jane_Doe_Birth_Certificate.pdf

 Use your case number as the subject of the email. The maximum email size is 30MB. If the total size of your attachments is larger than 30MB, send multiple emails using your case number as the subject of each email. Please send your documents for KCC review only after you have collected all of the required documents for yourself and all accompanying family members. Send documents only to the kccdvdocuments@state.gov email address.

Documents photographed or scanned with a mobile phone are acceptable, but every document must be fully legible. Illegible or incomplete documents must be re-submitted and will delay processing of your case.

All documents not in English, or in the official language of the country in which the application for a visa is being made, must be accompanied by certified translations. The translation must include a statement signed by the translator that states that the translation is accurate and the translator is competent to translate.

* IMPORTANT NOTE：Do not mail any documents to KCC. Any documents sent to KCC will not be processed and will be destroyed.

REQUIRED DOCUMENTS

You and each family member immigrating with you to the United States should collect the civil documents that are required to support your visa application.

 Passport Biographic Page：You and each family member immigrating with you must submit a photocopy of the biographic data page of a currently valid passport. The biographic data page is the page with your photograph, name, date, and place of birth.

Birth Certificate：You and each family member immigrating with you must submit a scan of an original birth certificate or certified copy.

Marriage Certificate：If you are married, you must submit a scan of your original marriage certificate or certified copy.

Marriage Termination Documentation：If you were previously married, you must submit scanned evidence of the termination of EVERY prior marriage you have had. Your scanned evidence must be of an original or certified copy of one of the following documents： FINAL legal divorce decree, death certificate, or annulment papers.

Military Records：If you served in the military of any country, you must submit a scanned copy of your military record.

Police Certificates：If you are 16 years of age or older, you must submit a scanned copy of a police certificate from all countries you have lived in using below criteria：

If you ...	AND you...	THEN submit a police certificate from...
Are 16 years old or older	Lived in your country of nationality for more than 6 months at any time in your life	Your country of nationality
Are 16 years old or older	Have lived in your country of current residence（if different from nationality） for more than 6 months	Your country of current residence
Have ever lived in another country for 12 months or more	Were 16 years or older at the time you lived there	The country where you used to live.

Were arrested for any reason, regardless of how long you lived in that city or country, and no matter what age you were		The city and/or country where you were arrested.

Court Record：If you have been convicted of a crime, provide a certified copy of each court record and any prison record.

 Collect and submit your documents promptly. Your case will not be scheduled for a visa interview at a U.S. embassy or consulate until KCC has received and processed all required documents and the DS-260. Missing or illegible documents will delay processing of your case. If you cannot obtain a particular document, send an explanation of why you cannot obtain the document, as an attachment in .jpeg or .pdf format, to KCCDVDocuments@state.gov, with your case number in the subject line. Diversity visas are numerically limited and there is no guarantee a visa will be available. Only a consular officer can determine, at the time of the visa interview, if you are qualified to receive a Diversity Visa.

If you have questions about document submission, you may contact KCC at kccdv@state.gov. The KCC telephone number is 606-526-7500（7：30 a.m. until 4：00 p.m. EST）.

CA/VO/DO/KCC

Diversity Visa Unit

Phone：（606）526-7500

Email：kccdv@state.gov

整封信函中的幾個重點：

1. 重申只有當「所有申請人」（主申請人與其家屬）遞交 DS-260 表與本函中要求的「必要文件」，同時 Case Number is CURRENT 的情況下，才會被安排面試時間表。

2. 所有「必要文件」的檔案格式為 .pdf 或 .jpeg。並以申請人的 Case Number（全碼）+ Given name + Surname + Document name 的方式命名。空格以「_」填入。

   例如：2020AS00012345_Xiao_Ming_Wang_Passport.pdf

   2020AS00012345_Xiao_Ming_Wang_Birth_Certificate.pdf

3. 遞送時，mail 主旨為申請人的 Case Number。

   mail 的大小不能超過 30MB，如果超過 30MB 者，可分多封 mail 寄送，主旨皆為申請人的 Case Number。

4. 請收集完成所有的申請人所需必要文件後再一次遞交。

   遞交 Email address：kccdvdocuments@state.gov

5. 可接受手機拍攝的清晰相片。

6. 文件內容如果不是面試所在地的官方語言或英文者，請翻譯成英文，並附加翻譯者簽名。（**也就是說，在台灣 AIT 面試者，中文文件可被接受**）

7. 不要以傳統郵寄的方式遞送任何文件，KCC 將不會處理並銷毀。

8. 前面所提的「申請人」指的是「主申請人」+「所有衍生家屬」。也就是這些掃瞄文件，是每一個申請人都要準備的。

9. 所需文件：護照、出生證明、結婚證書、離婚證書或配偶死亡證書、兵役證明、警察證明（良民證）、法院記錄（如果有被定罪的記錄）。

首先，筆者的建議，所有「必要文件」準備齊全後，請用掃瞄機

掃瞄下來然後遞交掃瞄的文件檔（.pdf 或 .jpeg）。雖然前述信函中也有提及，可以使用手機拍的照片做為文件檔。不過筆者個人是建議，最好還是用掃瞄的方式，至少清楚很多，也方便 KCC 的人員判讀。如果家中或公司沒有掃瞄機的話，可以稍微破費一下到 7-11 去利用他們的影印機掃瞄，一份 A4 的是 15 元。花一點小錢買一份安心，應該是值得的。

另則。請儘量使用 .pdf 的檔案格式。因為 .pdf 的檔案大小比 .jpeg 的要小很多。以避免你的文件總大小超過 30MB 而要使用多個 Email 遞送。

後面就第 9. 項的所需文件做詳細說明。

護照：就是申請人目前尚在有效期限內的合法護照。只要是「目前」尚在有效期限內的就可以被接受。但面試時要提供的則是至少有效期限要超過 6 個月以上的護照。如果你的護照快要過期，或是將在 6 個月內過期的，筆者建議先去外交部各地的分所請領一本新的護照，以新護照填寫 DS-260 表及掃瞄遞交。

出生證明：這個部分在本書前文中曾經說明過，你可以到戶政事務所申請一份中文的「出生證明書原件復本」及「原始戶籍謄本」。這二份資料一起遞交。或是筆者之前所建議的，直接取得一份英文的出生證明，一勞永逸。

結婚證書：如果申請人目前是已婚狀態，要有目前婚姻的結婚證書。這個也是到戶政事務所可以申請「結婚證書原件復本」。最好能再多申請二份的英文版本，因為日後到達美國之後，那將是唯一能證明你們夫妻關係的文件。

離婚證書或配偶死亡證書：一樣也是到戶政事務所就可以申請到「離婚證書原件復本」或前配偶的「死亡證明書原件復本」。如

果離婚不只一次，那必須每一次的婚姻都要申請一份。

兵役證明：筆者提供的是退伍令。如果遺失的話，可以在各縣市的後備指揮部申請補發。也可以上網利用線上申請補發。當然如果是女性申請人，就不用理會這一項需求。

警察證明：也就是一般我們俗稱的「良民證」。如果你曾經有在台灣以外的國家／地區居住 6-12 月以上，這一份文件就會相對複雜。

首先我們先來確認一下，在哪些情況下，你必須要申請警察證明。基本上，如果申請人已年滿 16 歲，就必須依規定提交警察證明。簡單的說，就是你 16 歲以後，曾在台灣以外的國家／地區居住 6-12 月以上時，就有必要申請該國／地區的警察證明。若你在 16 歲之前曾經居住在台灣以外的國家／地區，則不需要警察證明。

1. 年滿 16 歲以上，並曾在台灣居住 6 個月以上（16 歲以前住過也算）。

   →須申請台灣的警察證明。

2. 年滿 16 歲以上，並在現居地（不是台灣）居住 6 個月以上。

   →須申請該國警察證明。（例如：你目前在澳洲求學中，如果年滿 16 歲，也累計住了 6 個月以上）

3. 當你滿 16 歲之後，曾在台灣以外的國家／地區居住滿 12 個以上。

   →須申請該國警察證明。這條是指，你當時居住在該國家／地區時已滿 16 歲；而非指你現在已滿 16 歲。

   （例如：在 16 歲之前曾經居住的國家／地區則不需要。）

4. 不論幾歲，如果你曾經在台灣以外的地區被逮捕。

   →須申請該國警察證明。

5. 如果前述的國家／地區是美國，則不需申請警察證明。因為 KCC 與 AIT 都能直接看到你在美國是否有犯罪。

以筆者個人的經驗，筆者曾在中國大陸居住了 10 年。在筆者整個 DV 樂透的準備過程中，取得中國大陸的警察證明（大陸稱「無犯罪記錄證明」）是最難的一部分。因為你必須自己向大陸當地的警察局提出證據，證明你在過去的某一段時間內曾經居住在大陸的某個城市。

綜觀過往曾經中籤的申請人，有相當比例的人，也是因為無法取得，他們曾在本國以外的國家／地區居住超過 12 個月以上的警察證明，而被迫放棄申請或是被 Refused。

申請台灣良民證（其實它的正式名稱應該是：警察刑事紀錄證明書）則相對容易許多，可以到各縣市（不必是戶籍所在地）的警察局外事科辦理。也可以從網路線上提出申請，2.5 個工作天之後，攜帶證件至各縣市的警察局領取。

最後一個要注意的事項，在面試時，AIT 只接受一年以內所開出的警察證明。所以你必須預估自己可能的面試日期，不要在一年之前就先申請了警察證明。

由於 DV 樂透面試的最後期限是 9 月 30 日，所以你只要是在公布中籤結果的那一年的 10 月之後所申請的警察證明，基本上就一定會在有效期限內的了。

法院記錄：曾經被法院判決有罪的申請人，必須提供法院判決的完整紀錄及監獄的完整紀錄（如果有的話）。

當前述所有申請人的所有需要的文件都收集完成後，以掃瞄的方式與規定的命名方式建檔，然後確認總容量大小不超過 30MB，並以 Email 寄出：

kccdvdocuments@state.gov

如果申請人對於 Documents Required 有問題的話，可以聯絡 KCC

詢問，

E-mail：kccdv@state.gov

電話：+ 1 606 526-7500 （美東時間：7：30am – 4：00pm）

附言：準備「必要文件」時，初步掃瞄得到的檔案應該都會是照片檔 .jpeg 格式。筆者強烈建議，使用本書前文所提過的一個免費列印 .pdf 的軟體（Bullzip PDF Printer），將所有 .jpeg 的檔案轉成 .pdf，因為 pdf 文件所使用的容量遠比 jpeg 小很多。以筆者為例，全家一共有 4 個申請人，文件總計 27 份，如果使用 jpeg 格式的檔案格式，總容量是 24MB；但轉成 pdf 後就只有 12MB，大約是 1/2。如果你的必要文件份數很多，轉成 pdf 就不會超過 30MB 的寄送限制了。

當你正確的完成「必要文件」寄送之後，如果 KCC 的電腦有收到，它會自動回覆一個簡單的 mail 告知申請人。內容如下：

Automatic Reply from KCC DV Documents

The Kentucky Consular Center （KCC） has received your email and is currently processing your documents. This email address, KCCDVDocuments@state.gov, is only used for applicants to provide the Kentucky Consular Center （KCC） with documents required to continue processing Diversity Visa applications. KCCDVDocuments@state.gov does not respond to inquiries. If you have any Diversity Visa related questions, please email KCCDV@state.gov with your case number, complete name, and date of birth, as entered on your original entry.

You should expect an email from KCC in the next 3-6 weeks. If you do not hear from KCC after 6 weeks, please contact KCCDV@state.gov to confirm all of your documents have been received, and you are ready to be scheduled for an interview.

當你 mail 出「必要文件」之後，一定要確定有收到這封自動回覆的 mail。因為這樣才能確定 KCC 已經有收到你所遞交的「必要文件」。

Mail 中也再次說明，你遞交「必要文件」的那個郵箱地址 kccdvdocuments@state.gov 只是負責收取申請人遞送必要文件之用，並不接受問題諮詢。如果你有相關的問題，要使用另一個郵件地址：kccdv@state.gov。

同時告知，KCC 審核你遞交的「必要文件」大約要 3-6 週的時間。如果 6 週之後（筆者是建議 2 個月之後），你都沒有收到 KCC 寄給你的確認信，則可以使用前面的那個 mail（kccdv@state.gov） 詢問進度（If my documents were satisfactory?）。

|KCC「必要文件」審核完畢的通知 mail|

這是非常重要的一封 mail，也是整個申請程序中的一個暫時的停頓點。

當你收到 KCC 的這封通知 mail，就表示你所有前段的文書作業均已完成，一切 OK。接下來只要你的 Case Number is CURRENT，KCC 就會立刻安排面試。

（2020 年因為 COVID-19 的關係，KCC 幾乎停止作業。筆者是在 2 月分寄出所有文件；到 7 月分才收到審核確認的通知。）

必要文件審核完成的通知 Mail 內容如下：

寄件者:	KCC DV [KCCDV@state.gov]
寄件日期:	2020年7月6日星期一 下午 7:45
收件者:	██████@gmail.com'
主旨:	2020AS00025██ Documents Received

Date: 7/6/2020

Case Number: 2020AS00025██

Dear ██████ HUANG:

Congratulations! Our records indicate that you have submitted all documentation required by the Kentucky Consular Center and are ready to be scheduled for an interview when your case number becomes current. Interviews are scheduled numerically based on case numbers that have completed processing.

Interviews for the DV 2020 program are currently suspended. You can find out more about this suspension at travel.state.gov. All DV 2020 interviews must be concluded by September 30, 2020. Please refer to the visa bulletin at travel.state.gov to locate the current numbers being processed. This bulletin is updated after the 15th day of each month. Once an interview date has been scheduled, you will receive notification via email listed on your DS-260 to check dvlottery.state.gov.

If your case becomes current and you have not received notification to check dvlottery.state.gov, please contact KCCDV@state.gov to confirm all of your documents have been received, and you are ready to be scheduled for an interview.

Important Notice on Missing Documents: Please provide all documents required for your case as quickly as possible. If you are unable to provide certain documents, KCC will ask for an explanation of why this document was not provided. Failure to provide certain documents will not prevent your case from being scheduled, but a consular officer will require you to obtain the missing documents before a visa can be issued. As a general rule, any document that is listed as "available" on the country-specific guidelines must be reviewed by a consular officer. Failure to obtain all required documents will delay your case.

On October 4, 2019, the President issued Presidential Proclamation 9945 on the "Suspension of Entry of Immigrants Who Will Financially Burden the United States Healthcare System." For the most up to date information on how PP 9945 might affect your case, please visit https://travel.state.gov/healthcare.

On June 22, 2020, the President extended Presidential Proclamation 10014 on the "Suspension of Entry of Immigrants Who Present Risk to the U.S. Labor Market During the Economic Recovery Following the COVID-19 Outbreak." The restrictions imposed by the proclamation are effective at 12:01 a.m. EDT on Wednesday, June 24 and expire on December 31, 2020, unless continued by the President. For the most up to date information on how PP 10014 might affect your case, please visit https://travel.state.gov/content/travel/en/News/visas-news/proclamation-suspending-entry-of-immigrants-and-nonimmigrants-who-present-risk-to-the-US-labor-market-during-the-economic-recovery-following-the-COVID-19-outbreak.html.

CA/VO/DO/KCC
Diversity Visa Unit
Phone: (606)526-7500
Email: kccdv@state.gov

1

301

在遞出「必要文件」之後，剩下的就是等待了。

等待 KCC 通知，你的必要文件已審核完畢；

等待 Visa Bulletin 公布自己的 Case Number in CURRENT。

別忘記，能夠被排入面試的三個條件：

遞交 DS-260，

遞交 Documents Required，並被 KCC 確認是正確與齊全的，與

Case Number is CURRENT.

舉例來看：如果你在 3 月的 Visa Bulletin 上看到 5 月的 VB，你的 Case Number is CURRENT（就是小於 VB 上面公告的數字）時，接下來在 3 月底之前，你就會收到 KCC 寄來的 2NL，告知你正確的面試日期（在 5 月分的某一天），並將你的案件正式轉交給 AIT（美國在台協會）。

你可以利用這段等待的時間，思考一下你移民美國之後的一些問題，例如：

1. 準備定居在那一州：美國是一個聯邦合眾國，雖是一國，但各州有獨立的法律規定，不盡相同。另外還要考慮該州的天氣環境、治安狀況、經濟發展等等。

2. 子女的就學方案：如果子女已屆讀大學的年齡，考慮是否直接選擇申請公／私立大學；亦或先透過社區大學培養英文實力，並爭取較高的 GPA，再轉學至美國名校大學就讀。如果選擇公立大學，是否考慮在該州定居，以便一年之後爭取以州內學費就讀（會比國際生便宜非常非常多）。

3. 如何考駕照（或以台灣駕照直接換發美國駕照）、買車買保險：美國目前有 33+4 個州與我國簽有免試換發駕照的協議，可以直

接換發該州駕照。另外買車買保險的眉眉角角,也要先上網找找前輩們的建議。

4. 租房還是買房:美國大城市的房價與鄉村的房價相差很大;而租房的租金與房價的比例也較台灣高出許多(一些非主要的大城市,一間台幣 450 萬的房子月租金可能要台幣 3.6-4.0 萬)。不過 2,3 線城市的房子,將來轉手的銷售時間,可能要比台灣長很多(半年、1 年才賣的掉的比比皆是)。而且美國房屋的持有成本比台灣高很多,這點也是要事先了解的。

5. 將來赴美之後的經濟來源:是要在美國找工作或是自己經營生意,要從事哪一類的工作等等。

6. 稅務的規劃:一旦有了綠卡之後,你在全世界任何地區的所得收入都要向美國聯邦政府報稅。要怎麼申報,如何才能節稅。(一個大原則請銘記在心,就是「實話實說」,不要隱匿、不要說謊。美國是一個非常重視誠信的國家)

美國 USCIS(美國公民及移民服務局)有發行了一份中文的美國「新移民指南」,是一份有 116 頁的 pdf 文檔,也可以去下載回來看一下。下載網址:

https://www.uscis.gov/sites/default/files/files/nativedocuments/M-618_c.pdf

|CEAC（Consular Electronic Application Center）|

當你完成了 DS-260 表與「必要文件」的遞交之後，唯一能做的事就只有「耐心等待案件編號 CURRENT」。

當然，如果你的 Case Number 是屬於前段班的（以 AS 為例，大約 <=5000），那等待的時間會很短，甚至時間還會有點趕。你可能在公布抽籤結果的當年年底之前就已經取得美國移民簽證了。那你可以忽略以下的這段敘述，因為你用不到。

但對大多數的中籤者而言，可能都要在隔年才能排到面試的時間。這一段不算短的等待期，你是否可以做些什麼來追縱或了解目前整個 DV 樂透中籤者的面試進程呢？下面筆者就來介紹一下 CEAC 這個網頁。

CEAC-Consular Electronic Application Center，美國國務院領事電子應用中心。這是一個可以申請與查詢美國簽證申請進度的官方網站。其中有一個部分，是提供給申請移民簽證者查詢目前進度的網頁。

網頁地址：https：//ceac.state.gov/CEACStatTracker/Status.aspx

進入網頁後會看到一個查詢的簽證種類選項（Visa Application Type），要選擇「移民簽證」（IMMIGRANT VISA）

然後需要輸入 Case Number。不過這裡有一點要特別注意，這個輸入的 Case Number 是不帶「0」的案件號碼。舉例說明：

Case Number is：2020AS00012345 要輸入：2020AS12345

Case Number is：2020AS00000123 要輸入：2020AS123

此外，這個網頁是在每年的 1 月 1 日起才會開放當年度移民申請案件進度的查詢。以 DV2020 為例，在 2019 年的 5 月就會公布抽籤結果，2019 年 10 月 1 日開始面試。所以 Case Number 排在前面的中籤者，可能已經面試結束，也已取得簽證了，但這個查詢的網頁都還沒有開放。

CEAC 為什麼要等到 1 月 1 日才開放？主要的原因是，這個網頁是提供「所有申請移民簽證者」來查詢申請進度的，而非 DV 樂透移民專用的。對一般移民申請的案件，一定是先提出申請文件並取得 Case Number 之後，才會需要查詢，所以不會有時間差。但 DV 樂透是去年的 5 月公布結果後就有了 Case Number，但移民的年度是下一年，所以才會有時間差的問題。

當你可以查詢後，輸入你的 Case Number，一般可能會得到的幾種答案說明如下：

AT NVC：你的 case 目前在 National Visa Center。這是一般 Visa 申請的第一步，案件送至 NVC。不過對 DV 樂透而言，案件不是送 NVC 而是 KCC。所以如果出現 AT NVC，表示你的案件目前尚無任何的進程。可能是 DS-260 或「必要文件」尚未遞交，或是 Is NOT CURRENT。對 AT NVC 這個訊息，你可以不予理會，也就是說，你的案件尚未被啟動。

U.S. Department of State
IMMIGRANT VISA APPLICATION

At NVC

Immigrant Visa Case Number: **2020AS25**▮▮▮

Please follow the instructions you received from the National Visa Center (NVC) that list the six steps you must take before NVC can schedule your visa interview appointment. This includes submitting to NVC various fees, forms and documents. Once NVC has received all the required items, they will let you know if anything is missing or incomplete. You can also find these instructions online at http://nvc.state.gov (English) and http://nvc.state.gov/espanol (Spanish). You will find contact information for NVC at http://nvc.state.gov/ask.

Close

在這個查詢結果的畫面中，你會看到「At NVC」，也請你只要看這幾個字就好。至於下面的那段文字說明，請完全不要理會。因為這個網頁是提供所有申請美國移民簽證的人使用的，對非 DV 樂透的移民申請者，他們的申請程序與 DV 樂透移民者並不相同。而下方的那一段文字（尤其是其中提到的 6 個步驟等等）主要是針對一般移民案件的申請人而說的。

結論就是：如果你還沒有遞交 DS-260 表，或是還沒遞交「必要文件」，或是你的 Case Number is NOT CURRENT，你都會看到這個 At NVC 的提示。

In Transit ：轉移中。如果你已遞交 DS-260 與「必要文件」，同時你的 CaseNumber is CURRENT。那麼 KCC 就會將你的案件移轉到你要面試的那個地區的美國駐外領事館安排面試。以台灣而言，就是由 KCC 轉移到 AIT 的過程中。

READY：這是 In Transit 之後的一個狀態，表示你的案件已經到達 AIT，現在準備安排面試的事宜。

Issued：這是最希望看到的一個狀態，表示你已通過移民面試，已

核准簽證。

Refused：這是最不希望看到的一個單字，表示你的案件已被拒絕。不論移民官是以什麼理由 Refuse，基本上你沒有可能上訴或翻案，只能摸摸鼻子認了。

Administrative Processing：簡稱 AP。你的案件被「行政處理」中，可能移民官需要你補送其他的資料，以便讓他可以做決定。在這段等待的時間中，會顯示 AP，就是暫時擱置。這種狀態下，最後還是有可能被 Issued 的，當然也可能被 Refused。目前都不知。

由於 CEAC 的資料是公開的，並沒有個人隱私的內容，而且也只需要申請者（中籤者）的案件編號就能查詢。本書前文中曾有提及，早先有一位透過 DV 樂透移民至美國的電腦工程師，開發出一個小插件，透過 DV 樂透的中籤者來截取一些案件進度的資料，並提供給大家參考。從 DV2020 開始，這位工程師以個人的名義，付費後向 CEAC 申請直接抓取 DV 樂透中籤案件編號的資料，並彙整後免費提供給尚未排到面試的 DV 樂透中籤者參考。感謝這位同是 DV 受益者的電腦工程師，這份資料，給了我們關於中籤的案件編號進度非常有用的資訊。

不過因為每年要到 1 月 1 日，CEAC 才會開放當年度的案件查詢；然後取得 DV 樂透的資料之後，再彙集整理；所以每年大約在 1 月 3 日前後，這位工程師才會公布他所彙整的資料；爾後並每個月初更新一次。網站地址是：

https：//dvcharts.xarthisius.xyz/

307

在這個網頁中，我們可以看到許多資訊：

1. 全球 6 個區域截至 2020.12 月底為止，已發放簽證數（Issued）、
已拒絕個案數（Refused）、目前行政處理個案數（AP）與正等
待安排面試個案數（Ready）。以 DV2020 為例：

DV2020 CEAC Data

Data was obtained from the Consular Electronic Application Center of the U.S. Department of State. You can also download the current state of data in a form of csv file: FY2020-ceac-current.csv.

Region	Issued	Refused	AP	Ready
AF	1201	129	232	2583
AS	1141	445	256	1976
EU	2009	167	685	1922
OC	120	10	31	158
SA	209	44	29	98
Totals	4680	795	1233	6737

Numbers in the table correspond to the number of actual people/visas rather than cases.
Charts presented here serve merly as an interactive illustration of the CEAC data. For comprehensive analysis please refer to Simon's blog.
Please note that you can disable individual datasets by clicking on the legend.

2. 每一年真實的案件編號數量與「Holes」的數量。
以 DV2020 為例，AS 地區 Holes 的比例，前段大約是 50%，後
段則超過了 75%。
主要的原因，本書前文曾說明過，因為 Iran（伊朗）與 Nepal（尼
泊爾）每年參與 DV 樂透抽籤的人數非常多，KCC 的電腦系統
在計算這二個國家可能會超過每年單一國家 7% 的限額時，就自
動將這二個國家後面的中籤者 Disqualification，因此後段產生大
量的 Holes。以 DV2020 為例（藍色部分就是 Holes）：

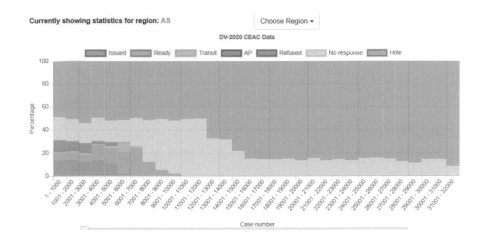

在這個全 AS 亞洲的圖示中，「No response」的部分（土黃色），就是在 CEAC 查詢表中目前顯示「At NVC」的 case。有可能是中籤者尚未遞交 DS-260 表，或是未遞交「必要文件」，或是 Case Number is NOT CURRENT。當然也有可能是中籤者因為某些因素而真的沒有回應。

3. 也可以看到目前台灣 AIT 的面試進度與簽發狀況。以 DV2020 為例：

（在「Choose an embassy」的欄位中輸入 TAI 即可）

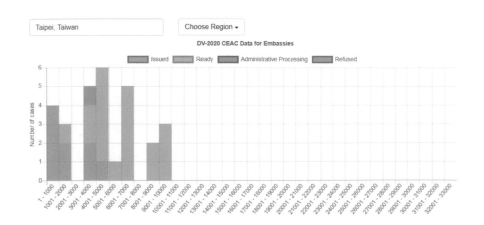

你也許會發現，在 AS 全亞洲的圖表中，有一塊土黃色的「No response」無回應者；但在 TAI 台灣地區的圖表中，並沒有「No response」的部分。這是因為如果中籤者尚未遞出 DS-260 及「必要文件」或 NOT CURRENT，ECAC 查詢內容中是無法得知該中籤者的面試地點的，只有中籤者的分區資料（AS 亞洲）。所以 TAI 能看到的一定必須是中籤者已經啟動安排面試之後，所以就不會有「No response」的部分了。

4. 網頁作者也提供了 CEAC 的原始資料 .csv 文字檔，讀者可以自行下載回來查看。

DV2020 Raw CEAC Data

A complete dump of the database made on a given date.
- FY2020-ceac-2020-01-02.csv

You can use the following file: embassies.txt to map a 3-letter embassy code to a physical location of the embassy (City, Country).

從這個 csv 文字檔案中，可以查看目前能知道的所有中籤 Case Number 的分布情況；也可以利用 Excel 的篩選功能，濾出你想要看的資料。

你可以下載至自己的電腦之後，再用 Excel 匯入開啟。

因為檔案格式是屬於 .csv 的文字檔，內容欄位間是以「，」或「；」區隔的。

所以你可以使用 Excel 的「資料」→「從文字檔案」（csv），再看原始的文件是使用哪一個分隔符號區隔的，設定文字內容是以「，」或「；」區隔的。這樣匯入之後就會是標準的 Excel 格式了。

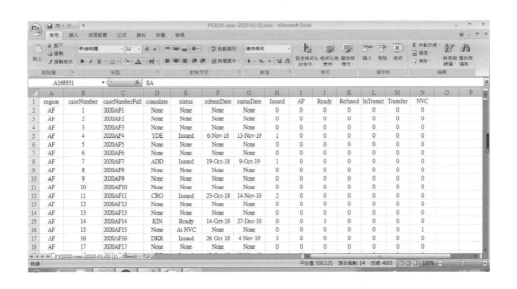

Region：地區代號

CaseNumberFull：完整的案件編號

Consulate：面試的領事館所在地代號。以台灣的 AIT 為例，是「TAI」

Status：本案件目前狀況。如果顯示「None」表示是空號 Holes。

SumitDate：遞交 DS-260 的日期

StatusDate：最近一次更新 Status 的日期

例 1. 可以找到本年度，各地區最大的案件號碼，從而準確的知道自己的排序位置。（在文件中找出某一地區中，最後一個「Status」不是「None」的 case）

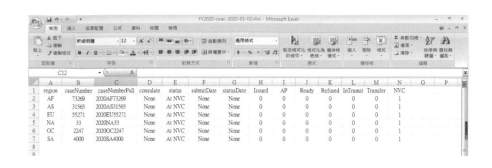

AF 非洲：73,269

AS 亞洲：31,565

EU 歐洲：55,271

NA 北美：33

OC 大洋：2,247

SA 南美：4,000

例 2. 所有台灣地區的中籤編號（使用 Excel 的篩選功能，Consulate 選擇「TAI」）

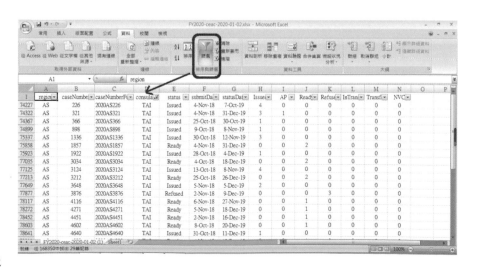

從這個篩選的結果，你也可以看到自己的案件編號現況。

不過，對於案件尚未被啟動的 case（就是 Status 仍是 At NVC 的），是不會顯示 TAI 的。所以這個條件只能篩選出「截至目前為止，台灣地區已經被啟動的案件號碼」，就是已經遞交 DS-260 表、已經遞交「必要文件」、且已經 CURRENT 的 case。

例 3. 可以查看目前 KCC 已經處理到的案件編號，據以預估自己的 case 何時可以被排到面試。（使用 Excel 的篩選功能，Region 欄位只勾選「AS」，同時 Status 欄杆「取消勾選 At NVC 與 None」二個選項）

	region	caseNumber	caseNumberF	consula	status	submitDa	statusDat	Issue	AP	Read	Refuse	InTran	Transf	NVC	O	P
83212	AS	9211	2020AS9211	HNK	Ready	4-Nov-18	27-Dec-19	0	0	4	0	0	0	0		
83276	AS	9275	2020AS9275	TAI	Ready	6-Nov-18	26-Dec-19	0	0	1	0	0	0	0		
83310	AS	9309	2020AS9309	TAI	Ready	19-Oct-18	26-Dec-19	0	0	4	0	0	0	0		
83318	AS	9317	2020AS9317	DOH	Ready	10-Oct-18	22-Dec-19	0	0	2	0	0	0	0		
83324	AS	9323	2020AS9323	RNG	Ready	15-Oct-18	26-Dec-19	0	0	1	0	0	0	0		
83359	AS	9358	2020AS9358	AMM	Ready	2-Nov-18	23-Dec-19	0	0	1	0	0	0	0		
83361	AS	9360	2020AS9360	KHT	Ready	8-Oct-18	31-Dec-19	0	0	1	0	0	0	0		
83369	AS	9368	2020AS9368	None	In Transit	None	None	0	0	0	0	1	0	0		
83385	AS	9384	2020AS9384	AMM	Ready	25-Oct-18	23-Dec-19	0	0	1	0	0	0	0		
83423	AS	9422	2020AS9422	KBL	Ready	4-Nov-18	28-Dec-19	0	0	2	0	0	0	0		
83538	AS	9537	2020AS9537	RNG	Ready	19-Oct-18	26-Dec-19	0	0	2	0	0	0	0		
83683	AS	9682	2020AS9682	KBL	Ready	17-Oct-18	28-Dec-19	0	0	4	0	0	0	0		
83745	AS	9744	2020AS9744	AMM	Ready	9-Oct-18	23-Dec-19	0	0	1	0	0	0	0		
84751	AS	10750	2020AS10750	None	In Transit	None	None	0	0	0	0	1	0	0		
85852	AS	11851	2020AS11851	None	In Transit	None	None	0	0	0	0	1	0	0		
168352																
168353																

以這一份資料看（2019.1.2 公布），KCC 已處理到 Case Number 是 11,851 的案件，當月 （2019.1.31 日前） 的 Cut-off Number 是 12,000，目前看到的是，AS 地區處理的速度非常理想，在月初時已經可以處理到 11,851 號。

我們也可以下載上一年度 DV 樂透的最後一個文件檔：FY2019-ceac-2019-10-01.csv 來看一下 DV2019 這年，台灣地區最終的面試結果：

Issued：154

Ready：19

Refused：19

AP：3

其中 Ready 的 19 人可能性有幾種：

1. 已經完成面試並 Issued，但 AIT 沒有更新最終的 status

2. 中籤者最後可能因為個人因素，沒有出席 AIT 的面試

3. AIT 因為時間因素來不及在當年 9 月 30 日之前排入面試時間（這種情況在台灣並不常見）

   至於 AP 的狀況，因為已經過了 9 月 30 日，所以所有 AP 的 case 就自動變成 Refused 了，等同拒簽。

   以這個數字來看，DV2019 台灣地區的拒簽率約為 11.3%，算是績優班的結果。

例 4. 如果你也熟悉 Excel 的操作與其函數，也可以做一些比較深入的分析。

其實我們只在意 AS 亞洲地區的面試進度與 VISAs 的額度，所以我們可以將 AS 地區的資料 copy 到另一個工作區來單獨查看，這樣會方便很多。

（只要 copy 到當年度最後一個有效的 Case Number 資料即可，後面一些 Status 是 None 的空號就不用理會了。如下圖：

	A	B	C	D	E	F	G	H	I	J	K	L	M	N
1	region	aseNumbe	caseNumberFull	consulate	status	submitDate	statusDate	Issued	AP	Ready	Refused	InTransit	Transfer	NVC
31554	AS	31553	2020AS31553	None	At NVC	None	None	0	0	0	0	0	0	1
31555	AS	31554	2020AS31554	None	None	None	None	0	0	0	0	0	0	0
31556	AS	31555	2020AS31555	None	None	None	None	0	0	0	0	0	0	0
31557	AS	31556	2020AS31556	None	None	None	None	0	0	0	0	0	0	0
31558	AS	31557	2020AS31557	None	None	None	None	0	0	0	0	0	0	0
31559	AS	31558	2020AS31558	None	None	None	None	0	0	0	0	0	0	0
31560	AS	31559	2020AS31559	None	At NVC	None	None	0	0	0	0	0	0	1
31561	AS	31560	2020AS31560	None	None	None	None	0	0	0	0	0	0	0
31562	AS	31561	2020AS31561	None	None	None	None	0	0	0	0	0	0	0
31563	AS	31562	2020AS31562	None	None	None	None	0	0	0	0	0	0	0
31564	AS	31563	2020AS31563	None	At NVC	None	None	0	0	0	0	0	0	1
31565	AS	31564	2020AS31564	None	None	None	None	0	0	0	0	0	0	0
31566	AS	31565	2020AS31565	None	At NVC	None	None	0	0	0	0	0	0	1
31567													
31568													
31569													
31570													

DV2020 年度，AS 亞洲地區最大的一個 Case Number 是 31,565。所以使用到新的一個工作區的第 31,566 列。

這裡介紹 2 個 Excel 中的函數，透過這些函數，我們可以得到另外一些深入分析的資訊。

Excel 函數：@COUNTIF（資料範圍，指定的條件）

這個函數可以計算在「資料範圍」內符合「指定的條件」的資料筆數。

Excel 函數：@SUMIF（資料範圍，指定的條件，要加總的範圍）

這個函數可以計算在「資料範圍」內符合「指定的條件」的資料，在另一個範圍內的資料加總。

例如，查詢 DV2020 在 AS 亞洲的區域中，真正的中籤人數有多少？

Ans：在「Status」欄為中，只要不是「None」的 case，就是真實的被抽中的 case。

在一格空白的 cell 中，輸入：=COUNTIF（E2..E31566,"<>None"），
就會看到答案，9,053。這個數字表示的是被抽中的主申請人數，就
是真實的 Case Number 筆數，不考慮其衍生家屬的人數。

DV2020 在 2020.1 月 2 日時，幾個實例說明

Q.台灣地區已經回應的主中籤者人數？

　　Ans.=COUNTIF（D2：D 3 1566,"=TAI"）有 29 人

　　（這是主中籤者的人數，並未包含其家屬人數）

Q.台灣地區已經 Issued（通過面試取得 VISA）的人數？

　　Ans. =SUMIF（D2：D31566,"=TAI",H2：H31566）有 20 人

Q.台灣地區被 AP（行政處理）的人數？

　　Ans. =SUMIF（D2：D31566,"=TAI",I2：I31566）有 1 人

Q.台灣地區 Ready（正等待安排面試時間）的人數？

　　Ans. =SUMIF（D2：D31566,"=TAI",J2：J31566）有 31 人

Q.台灣地區被 Refuesd（拒簽）的人數？

　　Ans. =SUMIF（D2：D31566,"=TAI",K2：K31566）有 3 人

也就是說，截至 2020.1 月 2 日，台灣地區共有 29 位主中籤者
CURRENT。

這 29 個 Case Number 共衍生出（20+1+31+3=）55 位的 DV 樂透
中籤者。

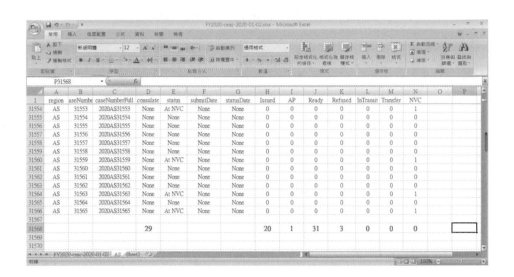

	A	B	C	D	E	F	G	H	I	J	K	L	M	N	O	P
1	region	aseNumbe	caseNumberFull	consulate	status	submitDate	statusDate	Issued	AP	Ready	Refused	InTransit	Transfer	NVC		
31554	AS	31553	2020AS31553	None	At NVC	None	None	0	0	0	0	0	0	1		
31555	AS	31554	2020AS31554	None	None	None	None	0	0	0	0	0	0	0		
31556	AS	31555	2020AS31555	None	None	None	None	0	0	0	0	0	0	0		
31557	AS	31556	2020AS31556	None	None	None	None	0	0	0	0	0	0	0		
31558	AS	31557	2020AS31557	None	None	None	None	0	0	0	0	0	0	0		
31559	AS	31558	2020AS31558	None	None	None	None	0	0	0	0	0	0	0		
31560	AS	31559	2020AS31559	None	At NVC	None	None	0	0	0	0	0	0	1		
31561	AS	31560	2020AS31560	None	None	None	None	0	0	0	0	0	0	0		
31562	AS	31561	2020AS31561	None	None	None	None	0	0	0	0	0	0	0		
31563	AS	31562	2020AS31562	None	None	None	None	0	0	0	0	0	0	0		
31564	AS	31563	2020AS31563	None	At NVC	None	None	0	0	0	0	0	0	1		
31565	AS	31564	2020AS31564	None	None	None	None	0	0	0	0	0	0	0		
31566	AS	31565	2020AS31565	None	At NVC	None	None	0	0	0	0	0	0	1		
31567																
31568				29				20	1	31	3	0	0	0		
31569																
31570																

附錄：美國稅務問題簡介

首先說明一點，筆者本身並非美國稅務律師，所以僅能就個人的經驗做說明。

如果讀者的個人資產龐大，建議還是透過美國的稅務律師協助處理。美國的稅務律師，也有很多是講中文的（大多是大陸來的人），別忘了，中國人是美國的移民大戶，有需要就會有供給。所以倒是不用擔心語言溝通的問題。

稅務居民

美國的稅法主要是「屬人主義」。凡是美國的「稅務居民」，你全世界的收入所得，每年都有向美國政府主動報稅的「義務」。**報稅不代表就一定要繳稅；但不報稅就代表一定是違法。**

美國人的基本觀念，是相信每一個「稅務居民」都會主動且誠實申報。所以再次強調一點，「誠信」，在美國生活是處理所有問題的最高指導原則，也是唯一指導原則。

所謂美國的「稅務居民」，是指以下三類人：

1. 美國公民（持有美國護照者）
2. 美國合法居民（持有美國綠卡者）
3. 不具有美國公民或綠卡身分，但本年度在美居住天數超過 31 天，同時在過往 3 年內，依公式計算後，滯美總天數 ≥ 183 天者（其

實也就是超過半年）。就成為美國的「稅務居民」了。其計算公式是：

本年度的居住天數 +（上一年的居住天數）× $\frac{1}{3}$ +（上上一年的居住天數）× $\frac{1}{6}$

舉例來看，假設從 2017-2019 這三年，你每年都在美國停留了 120 天（約 4 個月左），你的總居留天數計算如下：

$120+120 \times \frac{1}{3} +120 \times \frac{1}{6} =180$

3 年滯美 180 天，少於 183 天。因此，你不是美國的稅務居民。

但若 2017-2019 連續 3 年間，你在美國的居住時間都是 122 天，

$122+122 \times \frac{1}{3} +122 \times \frac{1}{6} =183$

你就成為美國的「稅務居民」了，有必須向美國政府報稅的義務了。

美國稅務居民需就其全世界的收入所得申報繳稅。非美國稅務居民，則只需就其美國境內的收入所得繳稅。

🔑 資產與收入

接下來簡單說明一下成為美國合法居民（綠卡身分）之後的一些稅務問題。

「資產」與「收入」是二個不同的概念。

「資產」是你在成為美國稅務居民之前就已經擁有的，它只需要申報，告知美國政府，我有這筆資產的存在。美國政府並不會就你個人的資產課稅。

「收入」則是你所賺到的錢，包含一般的工資所得，投資公司或

股票的股息所得，買賣房地產的獲利，銀行存款的利息所得……等等。收入的部分，在你成為美國的稅務居民之後，就必須向美國政府繳交稅款（當然是在扣除投資的虧損與一些必要的支出扣除額，並且達到一定的納稅門檻金額之後，才需要繳納稅款的）。因此你可以在成為美國稅務居民之前，將你不久之後的未來確定有的收入提前變成「資產」，而未來可能的虧損則延遲到成為稅務居民之後再兌現。

例如：赴美之後想把台灣的部分房地產賣了。如果是在登陸之後（已經具備美國稅務居民身分了），再賣掉台灣的房子。則收益的部分（賣出價－買入價）就成為你的收入了，必須申報繳稅。但如果是在赴美第一次登陸之前賣掉，則全部的收入變成「資產」，並且是在具有美國稅務居民之前的資產，就只有申報沒有收益繳稅的問題了。

另則，手中有一些虧損的股票，原本想在赴美之前全部出清，認賠殺出。但這樣就只是讓你的「資產」變少，沒有節稅的效果。如果是在赴美登陸之後再賠錢賣出，就變成你的虧損。隔年報稅時，可以先將收入減去這些虧損再繳稅。

這些都屬合法節稅，沒有任何日後被追繳的問題。

美國雖然萬萬稅，但並不排斥合法的節稅，這是被允許的。

⚡ 贈與與遺產

贈與稅與遺產稅在美國是被合併考量的。一個是生前的贈與，一個是身後的贈與（遺贈）。所以這二種情況是一樣的。

不過這二個稅的免稅額，美國稅務居民與非稅務居民，則是相差了十萬八千里。

遺產稅：（也就是身後的贈與）

美國居民遺產的終生免稅額是個人 $1,140 萬，夫妻 $2,280 萬。

（2019 的標準）

非美國居民的美國資產遺產的免稅額是 $6 萬。（差了 190 倍）

說明：遺產受贈人如為美國居民，配偶過世遺產贈與另一方，完全免稅。待受贈人也過世之後，才開始計算夫妻總免稅額 $2,280 萬之後繳稅。

舉例來說：如果家長並非美國居民，但在美國持有房地產；而子女不論是否為美國居民。當家長過世之後，其美國的房地產就變成遺產。如果價值超過 $6 萬，則必須繳遺產稅（按超過的幅度，課稅 18%-40%）。（所以如果父母親沒有移民美國的意願，只有子女是美國居民。那建議最好還是將錢直接匯入子女名下，以子女的名義在美國置產。這種做法也沒有贈與稅的問題，後面會再說明）

另外一種情況，如果夫妻 2 人均為美國居民，其中一方過世之後，資產轉移到另一方，無遺產稅的問題。第二人也過世之後，其名下資產超過 $2,280 萬（約台幣 6.8 億）的部分，課遺產稅（單一稅率 40%）。

贈與稅：

必須看贈與人與受贈人的身分，來決定免稅額：

美國居民→美國居民／非美國居民

　　　　　每年 $1.5 萬以下，免申報／免稅。

　　　　　超過 $1.5 萬，應稅、申報。但可從終生免稅額中扣除

非美國居民→美國居民

　　　　美國境內資產：$6 萬以下免稅，累計超過 $6 萬開始

課稅（18%-40%）

美國境外資產：超過 $10 萬以上須申報，但無論多少都免稅

非美國居民→非美國居民

美國境內資產：$6 萬以下免稅，累計超過 $6 萬開始課稅（18%-40%）

美國境外資產：與美國政府無關。

還有一種情況，就是夫妻之間的贈與：

不論贈與人的身分是否為美國居民，若受贈人為美國居民，

→完全免稅。

若受贈人非美國居民，每一年 $15.2 萬免稅額度。

說明：

1. 前述的免稅額，會依年度調整，各州也略有不同。

2. 美國居民的個人終生免稅額，是從個人生前的贈與就開始計算，終生使用。如果本年度的個人贈與是 $5 萬，那扣除每年的免稅額度 $1.5 萬，尚有 $3.5 萬為應稅。這 $3.5 萬，可以從終生免稅額 $1140 中先扣除。所以下年度的終生免稅額就變成 $1,136.5 萬。若扣完了，就要繳遺產／贈與稅了。

   不過你也可以不利用終生免稅額度，直接先繳 $3.5 萬的贈與稅。這樣你的終生免稅額就仍然是 $1,140 萬。（如果你將來的遺產總值會超過 $1,140 萬，其實選擇先單獨繳納 $3.5 萬的贈與稅會相對划算的。因為稅率不同。）

3. 美國個人終生免稅額，

   2016 年：$545 萬

   2017 年：$549 萬

2018 年：$1118 萬

2019 年：$1140 萬

這是因為川普上任後，大幅提高了個人終生免稅額。

其實美國真正需要繳交遺產稅的案例，不到 1%。只有富豪級以上的美國居民才會被課徵到遺產稅。

4. 代付學費、醫療費，不算贈與。

5. 前文中提及，在台灣的父母可以直接匯款贈與在美國的子女買不動產，屬於贈與海外資產。從上表中可以看到，只有超過 $10 萬以上需申報，但不會有贈與稅的問題。

準備面試

CHAPTER 9

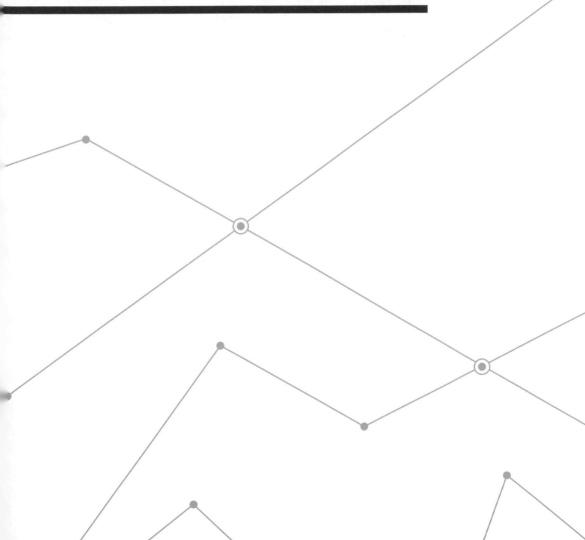

▆▆ | 中籤後要做的事 |

1. 判斷自己案件編號的相對低中高　→已完成

2. 估算可能面試的月分　→已完成

3. 推估 DS-260 遞送的月分　→已完成

4. 填寫完成 DS-260 表並線上遞交　→已完成

5. 準備要 mail 的必要文件，並以 mail 遞出　→已完成

--------- **申請人必須先完成第 4. 與第 5. 這二項文件的遞交，**

--------- **KCC 才會開始正式處理有關安排面試時間的程序**

6. Visa Bulletin 上看到自己的 Case Number is CURRENT

7. 收到 AIT 寄來的面試日期通知函（2NL）

8. 準備面試所需的文件

9. 安排體檢、打疫苗

10. 帶著萬全準備與輕鬆心情去 AIT 面試

11. 收到 AIT 寄來完成移民簽證的護照信封

12. 以體檢日期起算，6 個月內完成入境美國

▦|案件編號被啟動（CURRENT）|

在完成 DS-260 表與「必要文件」（Required Documents）的遞交之後，剩下的工作就是等待自己的 Case Number 啟動，也就是一般所說的「CURRENT」。

本書前文中有介紹過美國國務院領事事務局的 Visa Bulletin（綠卡簽證電子佈告），每個月 15 日之後會公布下二個月的 DV 樂透的 Cut-off Number。

這裡有 2 件事要再說明一次，

1. Visa Bulletin 所公布的資料內容是「所有類型的美國移民簽證」，而 DV 樂透抽籤只是其中之一。

2. 非 DV 樂透的其他移民簽證，是公布下一個月的 Cut-off Number；而 DV 樂透是公布下二個月的 Cut-off Number（因為 DV 樂透需要準備一些文件資料與體檢打疫苗的時間）。

    也就是說，你在 Visa Bulletin 上面看到「January 2020」，其實內容是有 DV 樂透 2020.1 月與 2 月二個月的 Cut-off Number 資料；同樣的「February 2020」則是有 2020.2 月與 2020.3 月的資料。

當 Visa Bulletin

（https：//travel.state.gov/content/travel/en/legal/visa-law0/visa-bulletin.html）
所公布的 Cut-off Number 已經大於你的 Case Number 時，就表示你
的案件已經正式啟動面試程序了。如果你的 DS-260 表與「必要
文件」是在 6-8 週前遞交的，那麼在 Visa Bulletin 公布之後的那個
月底前，你應該會從 E-Mail 收到面試通知書，也就是一般所稱的
2NL（2nd Notification Letter），並安排在下下個月面試。如果你的
DS-260 表與「必要文件」遞交的時間不到 6 週，那有可能在這個
月無法被排進面試名單，你的面試日期就會被再向後推遲 1 個月。
舉個實例來說明：

例一：

2020.1.1 之前	完成了 DS-260 與「必要文件」的遞交。
2020.2.18	Visa Bulletin 公布，自己的 Case Number is CURRENT（4 月分）
2020.2.28	本月底之前收到 2NL，被安排在 4 月某日 AIT 面試
2020.4.x	面試日期

例二：

2020.1.20 之前	完成了 DS-260 與「必要文件」的遞交。
2020.2.18	Visa Bulletin 公布，自己的 Case Number is CURRENT（4 月分）
2020.3.31	本月底之前收到 2NL，被安排在 5 月某日 AIT 面試
2020.5.x	面試日期

其實 KCC 發出的 2NL 通知只是一封告知信，請你自行登錄到
ESC 網頁查看你的面試日期。真正的 2NL 指的是 ESC 網頁上面的

通知內容。

KCC 在寄出 2NL 通知信之後，也會開始將你的案件資料轉移給你將要面試的那個地區的美國領事使館（以台灣而言，就是 AIT），同時如果你再到 CEAC-Consular Electronic Application Center（美國國務院領事電子應用中心）查看你的 Case 時，就會看到「In Transit」（在轉給 AIT 的過程中），或是「Ready」（AIT 已經收到並準備安排面試）。

這份 2NL 相當的重要，你必須憑這份通知函到醫院進行移民體檢，同時在面試當天也必須出示 2NL 才能進入 AIT 面試。但，如果我沒收到 2NL 通知怎麼辦？

如果 Visa Bulletin 上已經確定你的 Case Number is CURRENT，且已過了筆者前文中所舉例的，應該收到 2NL 通知的時間，但卻一直沒有收到 E-mail 的 2NL 通知。此時你可以直接登錄 ESC 頁面，輸入你的「案件確認碼」、「主申請人 Last Name」與「出生年分」來查詢。

ESC 頁面：

（https：//dvprogram.state.gov/ESC/（S（q0u0hs4mfqkd5kp2c0r11lgv））/default.aspx）就是最早時，你登錄參加 DV 樂透抽籤、隔年 5 月查詢中籤結果的那個網頁。當時你應該會看到的是一封告知函，恭喜你被隨機抽中了 DV 樂透移民，同時還有一個 Case Number 給你。這一封中籤的通知函就是 1NL（1st Notification Letter）。當你的 Case is CURRENT 並開始移轉作業時，你再登錄這個網頁，1NL 就不見了，取而代之的就是 2NL。

所以如果你的 Case is CURRENT，但過了應該要收到 2NL 通知的時間仍未收到通知，也可以直接登錄 ESC 頁面去查看一下。如果你的 Case 已確定被安排面試，在 ESC 頁面上就可以看到 2NL。如

果 ESC 上仍顯示的是 1NL，那表示有可能你的 Case 出了狀況。這時你應該以 Mail 或 Call 聯絡 KCC，詢問為什麼你沒有收到 2NL。
KCC 的 Mail：kccdv@state.gov　　TEL：+1（606）526-7500

註：

KCC 發出的 2NL 通知（寄到你在 DS-260 表中留下的 mail 信箱）。
（要求中籤者至 ESC 網站輸入確認編號，主申請人的姓與出生年分查詢）

寄件者：	noreply@state.gov
寄件日期：	2020年　　　星期三 上午 4:01
收件者：	████@gmail.com
主旨：	Required Entry Status Check for DV Submission

HUANG, ████:You have received this email notification to inform you that you have updates available at https://www.dvprogram.state.gov/ESC . Please log in using your confirmation number from your original application to complete further processing.

依說明，再次登錄 ESC 網頁查詢到的畫面。（已更新為面試通知單）

這一份才是真正的 2NL

2020/9/25　　　　　　　　　　　　　　　　　　　　ESC Print

United States Department of State
Kentucky Consular Center
3505 North Highway 25W
Williamsburg, KY 40769
U.S.A

▇▇▇▇▇, 2020

KRISTINA GHAZARYAN
LAW OFFICE OF KRISTINA GHAZARY
7012 MORSE AVENUE
NORTH HOLLYWOOD, CA 91605

Dear DV Applicant,

This is the official notice for you to pursue your application for a DV-2020 visa. An appointment has been scheduled for you at the U.S. Embassy or Consulate stated below. You and all members of your family who wish to apply for a Diversity Visa must appear at the appointed date and time for your interview. Please notify the office listed if you cannot keep the appointment.

You and any eligible family members will be required to submit sufficient proof of identity upon arrival. If you fail to obtain a DV-2020 visa by September 30, 2020, your registration will expire. Your family members must also obtain their visas prior to September 30, 2020, or they will not be permitted to join you in the United States under the DV-2020 program.

Please follow all of the instructions provided at http://dvselectee.state.gov to prepare for your interview. It is very important that you follow the instructions carefully and completely. The Diversity Program Fee for each applicant and each member of the family must be paid in full at the Consulate or Embassy at the time of your interview. There is only one fee and you should only make a payment at the Embassy or Consulate when instructed to do so at the time of your interview. The fee is non-refundable, even if the visa is refused for any reason.

Interview Appointment

TAIPEI
AMERICAN INSTITUTE IN TAIWAN
100 JINHU ROAD
TAIPEI
TAIWAN
886-2-2162-2000
September 28, 2020 01:00 PM

The Kentucky Consular Center has completed the processing of your case and forwarded it to the interviewing office. Further inquiries should be addressed to the interviewing office. When communicating with the Embassy/Consulate, always refer to your name and case number exactly as they appear below. Contact information for the consular section in TAIPEI can be found on usembassy.gov.

1/2

331

2020/9/25   ESC Print

Case Number: 2020AS00025▇
Principal Applicant Name: HUANG, ▇▇▇
Preference Category: DV DIVERSITY
Foreign State Chargeability: TAIWAN

Case Number: 2020AS00025▇
Applicant Name: ▇▇▇ HUANG
                  YUNG ▇▇▇
Beneficiaries: PAO ▇▇▇
                  JUNG ▇▇▇

Guide for New Immigrants: https://www.uscis.gov/tools/green-card-resources/welcome-united-states

信函中列出面試的地點是美國在台協會（地址）

面試的時間是：2020.9.28 下午 1：00

接下來，會收到一封要求建立個人資料的 mail。

因為樂透抽籤移民一直到你收到 2NL 才算拿到入門許可證，才具備可以移民美國的資格，所以這時候才會要求建檔。

主要的內容，是你要輸入完成面試之後，要回收護照的地址。

如果面試順利通過，移民官會留下你的護照，隔天會再將列印的 DV 簽證黏貼在護照上，並以快遞寄回。填的這個地址，一般就是自己的住家。

寄件者:	No-Reply [no-reply@ustraveldocs.com]
寄件日期:	2020年9月16日星期三 下午 12:44
收件者:	████@gmail.com
主旨:	Your US Travel Documents Customer Portal username and password is enclosed
重要性:	高

Dear New Portal User:

Your US Travel Documents Customer Portal username and password information is below.

To access the online system, enter your username and password into the log-in page. Be sure to enter the two CAPTCHA words exactly as they appear on the screen to validate your information.

Thank you,

US Travel Documents Customer Support
https://cgifederal.secure.force.com/

Username: ████@gmail.com
Password: 2ueoBrFUH

333

完成了前述的作業之後，會再收到 AIT 寄出的一份面試注意事項
通知。

寄件者： AIT VisaIV [VisaIV-AIT@state.gov]
寄件日期： 2020年9月16日 星期三 下午 1:30
收件者： ＿＿＿＿＠gmail.com
主旨： e-packet 4 letter

AMERICAN INSTITUTE IN TAIWAN
美國在台協會

American Institute in Taiwan
No. 100, Jin Hu Road, Neihu District
Taipei City, Taiwan 11461
台北市內湖區金湖路100號11461
E-mail: VISAIV-AIT@state.gov

台北美國在台協會移民科已收到您的移民申請案並準備開始進行您申請案的最後程序。以下是我們
移民科為您安排簽證面談的日期與時間。

移民簽證面談
日期： 28-SEP-2020
時間： 13:00

簽證類別： DV
申請案編號： 2020AS25▇▇▇
主申請人： HUANG, ▇▇▇▇

Entry of aliens who were present in China and Iran, excluding the Special Autonomous Regions of Hong
Kong and Macau, within 14 days prior to their arrival at the port of entry in the United States is suspended,
per Presidential Proclamation. If you reside in China, have traveled to China recently, or intend to travel to
China prior to your planned trip to the United States, we recommend you postpone your visa interview
appointment until 14 days subsequent to your departure from China.

重要需知：如果您未依規定於面談日帶全文件，您的移民簽證申請將會因此無法在當日被批准。
甚而您的移民簽證申請案會因文件遺失、不齊備和過期而依照美國移民法第221條第g款的規定被拒
絕 直到您將文件補齊為止。**因此**，若您已確定在面談前無法備齊文件，請盡快以電子郵件(visaiv-
ait@state.gov) 通知本會。我們將會重新安排您的面談日期。

在面談之前，請使用以下的清單順序來為每一位申請人準備一套必要文件：

☒ 護照或認可的旅行證件 (包括舊護照)

☒ 照片 (兩張最近六個月內拍攝的二英吋正方照片)

☒ 出生證明 (若無法提供出生證明，您必須提供 原始戶籍謄本 以代替出生證明)

☒ 六個月內詳細記事的 現在戶籍謄本

1

☒ 結婚證書 (如有/如遺失，請提供戶政單位核發的副本)

☐ 離婚證書 (如有此情況/如遺失，請提供戶政單位核發的副本))

☒ 台灣警察證明 (每一位年滿16歲且在臺灣居住超過六個月的簽證申請人)

☒ 國外警察證明
(年滿16歲並且在國外居住超過12個月的國家；若您曾經住過多個國家，您必須提供每一個居住超過12個月國家的警察證明)

☐ 法院判決書 (如有/須附英譯本)

☐ 服役記錄 – 退伍令 (服過兵役且未除役者)

☒ 財力保證證明 – 例如存款證明

☐ 保證人最近一年的美國稅單1040表或財力證明

☒ 最高學歷證明 -正影本

☐提案人居住在美國的證明 (重要須知:
假若美國公民或合法永久居民之原提案人目前未居住在美國，請確認您能提供充分證據以證明他們居住地在美國的事實。)

☒ Diversity Visa Lottery Fee US$330

☒ 體檢報告 (重要須知:
體檢醫院需要花兩個星期來完成您的體檢報告。如果你的體檢報告無法在面談的時候完成，請通知我們為您重新安排面談時間。 否則，你的簽證無法被批准。)

＊＊非中文或英文的文件，須附上一份由有資格翻譯的人翻譯且經公證的英譯本。＊＊

最後我們要提醒您在來本會談前，並請務必於面談前至www.ustraveldocs.com/tw網站完成文件遞送的登錄。如您未能完成文件遞送的登錄，您的面談將會因此而被取消。面談當天必須出示登錄成功證明。

請注意：雖然申請人已依規定備齊所有證件，但只有在移民面談官完成審核和面談後方能決定是否通過您的申請。如有需要，移民面談官可以要求申請人提供額外文件或使用更多時間來完成審核。

謝謝您的配合。

註：AIT 會依照每個人不同的情況，要求不同的必要文件。
前述內容只是筆者被要求要攜帶去面試的文件；每個人不見得會
完全一樣的。

▒|準備面試所需的文件|

DV 樂透中籤者面試時所需要的文件，因為各個國家單行法規的規定不同，所以並非所有國家／地區的中籤者所需要準備的文件都一樣。而我們就是以美國在台協會 AIT 的官方網頁上的資料為準。其實大部分在面試時會需要的文件，在你填寫 DS-260 表及遞交「必要文件」的過程中，都已經完成準備了。只有少數的幾樣東西，是你目前尚未在手的。

筆者列出目前 AIT 對 DV 樂透的面試者所要求在面試時要攜帶的文件，讀者可以自行核對。

1. **面試預約單**。自行列印你收到的 2NL。不過一定要在你的 Case Number Is CURRENT 之後，才可以在網站上查詢的到：

    https：//ceac.state.gov/CEACStatTracker/Status.aspx

    這份面試預約單，也是你要去醫院做體檢時要攜帶的。

2. **DS-260 確認單**。遞出 DS-260 之後有列印下來一張確認單。如果當時沒有印下來，那你仍然可以重新進入當時填寫 DS-260 的那個網站，還是可以再列印一份的。

3. 一張信用卡。每位參加面試的申請人要現場繳交 $330 的面試費用。不論是否通過面試，這個費用都不會退的。

4. 面試當天有效期超過 **60** 天的護照。

5. 彩色美簽照片 **2** 張（5 公分 x5 公分）

6. 出生證明（或原始戶籍謄本）正本與影印本

7. **6** 個以內的最新戶籍謄本

8. 結婚證書（如果已婚）正本與影印本

9. 離婚證書或前配偶的死亡證明書（如果有前次婚姻）正本與影印本

10. 警察證明，台灣與其他國家（如果有的話），簽發日期為 1 年以內的正本。

11. 法院判決證明書（如果有的話）正本與影印本

12. 兵役證明（退伍令）正本與影印本

13. 財力證明。最好是面試前所開立的銀行存款證明。

14. 高中以上的所有畢業證書正本與影印本。這是證明你有資格獲得 DV 樂透移民最重要的一份文件。如果找不到原件，請攜帶身分證與照片，到原畢業學校補辦一份。

15. 體檢報告信封（不可拆封）

這些需要準備的東西之中，第 13. 項的財力證明需要詳細說明。

本書前文中有提及，自從川普總統上任之後，打壓外來移民一直是川普總統的主要施政方向。也透過行政命令的方式對想移民到美國的人，設下了重重關卡。目前最影響 DV 樂透移民的就是：旅遊禁令、公共負擔，與在美醫療保險。

其中旅遊禁令對台灣中籤者沒有影響，甚至因為亞洲某些國家的中籤者被旅遊禁令限制，反而使得亞洲其他地區的 DV 樂透中籤者都有機會被面試。

而在美醫療保險本來在 2019.11.3 要正式施行，凡是想申請移民美國的人，都必須在到達美國的前 30 天內完成美國醫療保險的購買（美國的商業醫療保險費用極高，一個月大約要 $1,000）；或是能證明申請人有足夠的財力可以負擔美國的醫療費用。不過這條

命令在 2019.11.3 施行的前 1 天，被美國一位聯邦法官批准了臨時禁止命令而暫緩施行。

所以目前會影響台灣的 DV 樂透中籤者，「暫時」就只有「公共負擔」這個問題了。

首先先解釋所謂的「公共負擔」（Public Charge）。

DV 樂透抽籤的遊戲規則中，有一條說明是關於 Public Charge。公共負擔是指，打算移民來到美國的人（不單指 DV 樂透的移民者；包含所有想取得綠卡的申請人），移民後不可成為美國政府的財政負擔；也就是新移民本身若無法負擔其個人或家庭的生活支出，而必須仰賴美國政府提供福利救濟、食物券、公共住房補助、低收入戶醫療補助等等，就成為了「公共負擔」。凡是在移民簽證面試時，移民官對移民的申請人有日後可能會造成美國政府「公共負擔」的疑慮者，皆可拒絕發給其移民簽證。（對已經持有美國綠卡的人而言，如果要申請入籍美國，也會依照相同的標準被審核。） 而移民官毋需證明申請人可能會變成「公共負擔」，而是申請移民的面試者要向移民官證明：我不會成為美國政府的「公共負擔」。

那要如何證明呢？一般有三個常用的方法：

1. 找一位美國人（公民或綠卡身分者皆可），由該美國人提供財務擔保，當申請人來到美國之後，如果無法負擔其個人或家庭的生活時，該擔保人可以負責。

2. 如果你是持 H1B 簽證者，可以提供目前工作收入的相關資料（薪資單、報稅資料等），以證明你已有可以維持生活的工作。

3. 提供你在台灣的存款證明，證明你有足夠的資金可以負擔你與你的家人赴美之後的生活。

以目前 AIT 對台灣 DV 樂透的申請人的面試要求文件中，並沒有提到申請人必須找一位美國身分的擔保人；只要求提出「財力證明」即可。可能是 AIT 認為台灣人赴美之後，都會秉持著愛拼就會贏的個性，努力工作奮發進取，並不會造成美國政府的「公共負擔」。所以你只要能提出你在美國工作的收入證明，或是台灣的銀行存款證明，基本上都會被接受的。不過，同樣是 DV 樂透的中籤申請人，在非洲地區，或是亞洲的其他國家，當地的美國使領館都會要求申請人找一個美國身分的擔保人，並請擔保人填寫完成 I-134 表於面試時遞交。

那你的收入或是存款證明需要多少才夠呢？
一般的標準是，至少超過美國聯邦收入貧困線的 125%。但這是最低的標準，能超過愈多愈好。

2020 年美國主要各州（48 個）的聯邦貧困標準

總負擔人口數	貧困收入線	貧困收入線 *125%	貧困收入線 *250%
1	$ 12,760	$ 15,950	$ 31,900
2	$ 17,240	$ 21,550	$ 43,100
3	$ 21,720	$ 27,150	$ 54,300
4	$ 26,200	$ 32,750	$ 65,500
5	$ 30,680	$ 38,350	$ 76,700
6	$ 35,160	$ 43,950	$ 87,900
7	$ 39,640	$ 49,550	$ 99,100
8	$ 44,120	$ 55,150	$110,300
8 人以上每多 1 人	+ $ 4,480	+ $5,600	+ $11,200

（這個聯邦貧窮標準，每年都會向上調整）

以上表來看，如果你是一個人申請，那存款證明最好能有 $15,950 以上；如果是一家 4 口，那就要 $32,750 以上了。

不過，這只是最低的標準。移民官還會考量你的年齡、學歷、工作專長、與家庭成員多寡，子女就學的問題等。舉例來說，如果一位目前正在讀大學／研究所的單身未婚申請人，移民官會相信你在台灣的家庭成員應該能負擔你赴美之後的學費／生活費。而你本身也可以打工（有了綠卡身分，就可以到校外打工了），畢業之後是高端的菁英分子，一定能找到工作。所以，一般有 $15,000-$20,000 應該就 ok 的了。

如果你是一位 3,40 歲的社會菁英分子，移民官會考量你的語言能力與在台灣的工作專長，而你目前正是社會中堅分子的年紀，到美國之後應該也能找到相關的工作。假設你是主申請人，還有配偶與 1 位小孩，筆者認為有 $30,000-$35,000 應該是 ok 的了。

最後如果你是一位 5,60 歲屆齡退休者，又有二位子女準備進大學／研究所讀書。這時候你就必須提出能夠說服移民官的做法，或是你們的謀生計劃，在到達美國之後要如何維持生活，與子女就學的費用，還有你的醫療保險問題。在這個的前題之下，假設一家 4 口，你的存款證明，筆者建議至少要有 $100,000 以上，最好能有 $150,000 以上。（美國公立大學的費用，即使是州內學生，一年也要 2 萬美元以上。並且一般規定要在州內住滿一年以上，有繳稅紀錄才能申請）

後記補充（2020.2 月）：
前文的後記補充曾提到，2020.1.27 美國總統川普頒發了總統行政命令，宣佈自 2020.2.24 起，所有意圖移民（或以非移民簽證試圖進入美國）的申請人，都必須受到川普移民政策的規範，也就是

不能成為美國政府的 Public Charge（公共負擔）。美國海外各地的使領館在做最後簽證面試時，申請人必須證明自己不會成為美國政府的「公共負擔」，否則將無法取得簽證。

新的規定是，所有意圖申請美國移民簽證的申請人，必須遞交一份 DS-5540 的新表格。表格內容主要是要求申請人（如果是以家庭為單位的申請人，只要填一份即可）詳述：年齡、健康（購買美國醫療保險能力）、家庭狀況、資產、收入、財務狀況、教育程度、專業技能，英語能力也會在其考量的範圍內。

面試時，移民官將以申請人所填報的內容，依照美國政府所規定的準則，逐項審核，給予「正面因素」（Positive Factor）或「負面因素」（Negative Factor）。最後決定是否給予核發簽證。

根據這一項新規定，川普政府對意圖移民美國申請人，有關就業能力與財務現況的要求，提高了很多。DS-5540 表格的主要目的，就是研判申請人是否會成為「公共負擔」。主要內容說明如下：

年齡：18-61 歲的申請人為「正面」；18 歲以下或 61 歲以上的屬於「負面」。

健康：申請人是否有需要長期接受醫療治療的疾病或傳染性疾病？是→「重加權負面」；否→「正面」。

是否計劃到達美國境內，30 天內購買醫療保險？

是→「正面」；否→「負面」。

目前已有購買美國醫療保險。→「重加權正面」

家庭狀況：明確估算出申請人到達美國之後的家庭成員人數。

（這會影響到關於申請人財務收入是否能達到美國聯邦貧困標準線的依據）

（例如 1 個 3 口之家，125% 的標準是 $27,150，250% 的標準是 $54,300）

財務狀況（收入與資產）：

赴美之後年收入低於聯邦貧窮標準 125% 以下，→「重加權負面」

赴美之後年收入高於聯邦貧窮標準 125% 以上，→「正面」

赴美之後年收入高於聯邦貧窮標準 250% 以上，→「重加權正面」

另外還有例如：

已在美國有工作（例如 OPT 身分的畢業生）→「正面」

已獲得美國的就業聘書→「正面」

已獲得美國的就業聘書，年收入高於聯邦貧窮標準 250% 以上
→「重加權正面」

赴美之後可能無法就業→「重加權負面」

「收入」的定義是：在申請人到達美國之後，仍然繼續可以獲得的收入。例如：台灣房地產的租金收入；股票股利；投資獲利等等。另外，赴美之後，在美國預期就業機會的潛在收入（Potential Income）也可以列入。

收入未達貧窮標準 125% 的申請人，移民官可考慮將其現有的「資產」打二折後列入計算。換另一個說法就是：你的「資產」必須大於，你的收入與聯邦貧窮標準差額的 5 倍以上。

「資產」則包含：銀行存款（需有銀行經理簽發的證明，載明開戶日期、12 個月以來的存／取款金額、當前餘額）、房地產、信託、證券、年金，或 12 個月內能變現的財產。「資產」*20% 之後的金額，可以被考慮為「收入」。

教育程度、專業技能：如果申請人暫無工作，亦無資產，到美之後也沒有固定收入。這時移民官會以申請人的年齡、教育程度、專業技能的項目來評估是否會造成美國政府的「公共負擔」。

筆者在開始撰寫本書之時，認為 DV 樂透抽籤移民美國，除了被抽中是靠運氣之外，抽中之後的整個申請過程，是門檻最低、成本最低的移民美國途徑。

但這一年來，川普政府對移民的不友善，已經把移民的經濟門檻愈拉愈高了。早先年，台灣移民美國的申請人，並不會受到「公共負擔」的質疑。因為移民官的自由心證基本上是偏向相信台灣的移民者都會自立自強的，所要求的財力證明也只要幾十萬台幣的存款證明即可。

但現在，DS-5540 表，將移民申請人的財務能力全部攤在陽光下，以手冊客觀的高標準去審視申請人的財力，這是否會造成整體的拒簽率提高，我們也只能拭目以待了。（DS-5540 在 2020.2.24 才開始實行）

後記補充（2020.09 月）：

關於川普政府對移民簽證申請時「公共負擔」的要求，一年多來一直變動。主要是因為有許多狀告川普政府的訴訟一直在進行，也造成結果每每數月就發生一次變化。

以筆者在 2020.09 月在 AIT 面試時的狀況，AIT 並未要求 DS-5540 或 I-944（這二份表格內容類似，都是用來審查申請人的財務能力。）所以關於「公共負擔」的要求，可能也取決於不同國家使領館的決定。這又是一個回台灣 AIT 面試的好處了。

▓ | 常見問題 |

Q.我的房地產、珠寶、黃金、股票、名車,是否可以做為財力證明?

A.不行。正常狀況,只有銀行存款是最標準的。其他像是房地產、名車、珠寶、黃金等,都有變現時間的問題;而股票有漲跌的問題,都不被移民官視為正式的財力證明。

Q.所謂的「公共負擔」,是否有一個衡量的標準規定?

A.應該說是不完全有。

美國的「公共負擔」主要是針對二類人:

(1)目前想要申請美國永久居民(綠卡)的人,與

(2)目前已是綠卡的持有者,想要申請入籍美國。

對於第(1)類的申請人而言,並沒有衡量的標準規定。完全要靠申請人提出佐證,來證明自己與家人並不會成為美國的「公共負擔」。然後面試時,移民官會根據申請人的年齡、健康狀況、家庭成員人數、申請人的教育程度、專業技能、與財務現況(銀行存款),來主觀判斷申請者是否將來有可能成為美國的「公共負擔」。筆者的建議,在面試之前,主申請人最好能想好自己到達美國之後的計劃,例如:要找哪一類型的工作?要住在哪一州?租房或買房?(多少自備款?多少貸款?多少月付額?)或是可以在面試之前就在美國的求職網先遞交履歷,如果能取得赴美之後立刻面試的機會,這些資料都可以做為「佐證」。

對第（2）類的人而言，因為至少已經在美國居住 5 年以上了，所以就有比較客觀的衡量標準了。綠卡持有人，在過往的 36 個月間，是否曾經使用過社會福利（就是前文中提到過的；福利救濟、食物券、公共住房補助、低收入戶醫療補助等）。如果曾經使用超過 12 個月（次）以上，就無法申請入籍。

舉例說明，如果一個月中同時使用了「食物券」與「住房補助」二項，就算是 2 個月（次）。

不過對 DV 樂透的申請人而言，因為並無這項資料，所以主要還是針對，你與你的家人在移民至美國之後，是否有可能會成為美國政府的公共負擔來考量。

■■ |安排體檢|

當你的 Case Number is CURRENT，收到 2NL 並在 ESC 頁面（https：
//dvprogram.state.gov/ESC/（S（q0u0hs4mfqkd5kp2c0r11lgv））/
default.aspx）
上看到你的面試時間通知，接下來就要安排體檢與打疫苗的事了。
體檢依規定是不能提前去做，必須要攜帶你的面試通知單才能辦
理的。但台灣部分醫院並未嚴格要求這一點。

美國移民體檢，必需要到 AIT 指定的醫院才能辦理，並不是所有
的醫院都能做。以 AIT 目前所公告的，可以執行美國移民體檢的
醫院如下：

台北台安醫院：台北市八德路二段 424 號
（02）2781-3394 　（02）2740-0729
只接受現場掛號
週一、二、五、日：8：30am – 10：30am
週一、二、三、四：1：30pm – 3：30pm
周六休診

台北馬偕醫院：台北市中山北路二段 92 號 16F
（02）2511-8085
必須先以電話預約

週一～週五：1：30pm – 2：00pm
週六：8：00am – 8：30am
週日休診

台中豐原醫院：台中市豐原區安康路 100 號
（04）2527-1180 轉 3232
必須先以電話預約
週二、六：8：30am – 9：00am
其他時間休診

高醫中和分院健檢中心：高雄市自由一路 100 號
（07）312-1101 轉 6863，6866
必須先以電話預約
週一～週五：1：30pm – 4：00pm
週六、日休診

筆者建議可以選擇台安醫院，因為不用事前預約，現場掛號即可，
檢查報告二週後即可領取。
決定那一家醫院體檢後，要自行到該醫院的官網上查看一下體檢
當天需要帶的資料。如果有小朋友的話，還需要那本黃色的健康
手冊。

至於體檢地點與時間的安排，則以自己方便為主。正常情況下，
當你收到 2NL 確定面試的日期之後，應該至少還會有一個月以上
的準備時間，面試的日期會是在你收到 2NL 的那個月的 M+2 月。

舉例來看，如果你是在 1/31 收到 KCC 寄發的 2NL，那你的面試日期就是在（1+2）月的某一天（就是 3 月的某一天）。

這裡只有一個地方需要了解注意的。如果你順利完成 AIT 的面試，並取得護照簽證。AIT 會貼一張 6 個月有效的 VISA 在你的護照上，你必須要在這張 VISA 期限內入境美國，並在美國海關口岸啟動你的綠卡身分，才算正式完成。

這個臨時 6 個月的 VISA，是以你做體檢的日期起算 6 個月；不是從你面試的日期起算。所以如果你想在取得 VISA 之後晚一點入境美國，那相對的你就要晚一點去做體檢。

美國移民局主要是禁止染有流行性傳染類型疾病的申請人取得移民簽證入境美國，因為這會對美國居民造成公共衛生安全的問題。目前被禁止的傳染疾病有：結核、梅毒、淋病、麻風病、霍亂、白喉、鼠疫、天花、黃熱病、病毒性出血熱、SARS、大流行性流感，以及 WHO 所發布的 PHEIC（Public Health Emergency of International Concern，國際公共衛生緊急事件），像是目前（2020.1 月）爆發的 COVID-19 新冠肺炎。

以上這些被禁止取得移民簽證的傳染疾病，指的是目前現況。如果曾經得過結核、或是新冠肺炎，但現在已經痊癒並無帶菌／病毒，則不會受限。

完成體檢與注射疫苗之後，二個禮拜可以取得體檢報告。

這份體檢報告是密封的，請絕對不要好奇拆封，而是原封不動的在面試那天繳給 AIT 的工作人員。

關於體檢過程的說明，網路上有很多 po 文，讀者可以自行參考。
DV 樂透抽籤移民的體檢，與一般親屬移民的體檢內容／過程是完
全一樣的。

▦ |AIT 面試與取得移民簽證|

其實這個部分也與一般親屬移民的內容大致相同，甚至所耗時間更短一些。因為 DV 樂透的面試，主要是「文件審核」。只要你所準備的文件都齊全，體檢結果也沒有會造成美國人民公共安全的傳染疾病，基本上都能順利通過面試的。

面試的結果可能會有三種。

第一種是順利通過面試，也就是「Issued」。這時面試官會將你的護照收走，等完成 IV-visa（移民簽證）的印製與粘貼在護照後，再以快遞寄回之前你上網登記的那個地址。一般情況，應該第 3 天就能收到。

第二種是被拒簽（Refused）。這時你的護照會被歸還，上面不會有任何的註記。但你在美國的 USCIS（移民局）會有曾經被拒簽的記錄，這個記錄一般會被保留 10 年。一旦有了 Refused 的記錄，又是企圖移民的簽證被拒，基本上，在未來 10 年之內，你是無法申請到任何型態的美國移民或非移民簽證，甚至之前有的 ESTA 也可能直接被註消，而且也無法再次申請 ESTA（因為有 Refused 的紀錄，線上申請不了）。唯一能再獲得綠卡的機會，可能就只有與美國居民結婚了。

第三種是等待補件或再議，英文是「Administrative Processing」行政處理。一般情況就是你的面試有問題（可能是文件，也可能是你本身的背景或其他狀況），移民官暫時無法決定，需要時間來再議。AP 的時間有長有短，有時候只有 1 週就會有結果；也有人等

待數月之久。不過，如果在當年 9 月 30 日之前沒有給出「Issued」，這個 case 就自動失效了，也就是等同「Refused」。

最後，通過面試並收到 AIT 寄回的護照之後，在買完機票正式赴美入境之前，還有一件滿重要的事要做。就是去 USCIS 繳交你的綠卡製作費 USD220。
USCIS 的繳費網頁是： https：//my.uscis.gov/uscis-immigrant-fee
登錄時要有二份資料：「A-Number」與「DOS Case ID」。
這二個資料在 AIT 寄還護照的信封裡有一份「USCIS IMMIGRANT FEE」的通知單上可以找的到。A-Number 就是 Alien Registration Number。
A-Number 在你護照移民簽證頁上也可以找到，就是「Registratio Number」有 8 位數字。但 A-Number 是 9 位數字。所以在輸入時，於最前面補一個「0」。
可以使用任何人的信用卡繳交，也就是這個費用是可以找人代繳的。

好了，完成最後的綠卡製作費繳費之後，已經大功告成。
最後就是整理行李，登機赴美了。
這裡有一點要說明的是，取得護照上的移民美簽 IV（Immigrant Visa），並不代表你已經是美國的合法永久居民 LPR（Lawful Permanent Resident），必須入境美國，並在機場海關處繳交黃色信封袋，啟動 IV，取得 IV 上面的移民入境章，這時才是正式的美國 LPR。至於綠卡與 SSN 卡何時收到並不重要，只要出示護照上的移民入境章，就等同綠卡，可以合法的居住與工作。

看到本書的結尾了，讀者也許會發現一件事，DV 樂透的處理
過程經常會變動與更改的。本書編寫的時間是 2020 年，也許在
DV2021 或 DV2022，又不斷的有新的規定出台。所以如果內容與
本書所敘有所不同，請以美國國務院領事事務局以及 KCC 的公告
為主。這點要請讀者注意。

最後也預祝每一位參與的讀者，都能幸運的中籤，順利的通過
面試。

大家美利堅再會～～

💡 免責聲明

本書所有內容，僅為個人經驗所得，提供讀者參酌。

Diversity Visa 與美國移民之相關規定，有可能會隨時變更，請皆以
美國國務院（U.S. Department of state）相關的官方網頁資料為準，
本書不會明示或隱含所有內容均準確無誤，或絕不變動。本書已
盡力確保文中內容資料的準確性，但不會對任何錯誤或遺漏承擔
責任亦不為任何人士使用本書所列示的內容與相關網頁而引起致
之任何損害承擔賠償。

2020 年 10 月

★★★★★★★★★★★ 後記

2020 年的 DV 樂透，因為年初開始，全世界受到 COVID-19 冠狀肺炎病毒的傳染，造成了相當大程度的負面影響。而美國又是整個疫情的重災區，也直接／間接的導致 2020DV 樂透的面試發生了前所未見的中斷。

先是在 3 月 18 日，美國國務院宣布關閉美國所有的海外使領管，並停止所有赴美的常規簽證作業（包含移民簽證與非移民簽證）。一開始是暫訂至 5 月 3 日重新開放，後來又延後一個月至 6 月 4 日。接下來在 4 月 23 日，一直反對美國移民政策的川普總統，又簽署了一項行政命令，停止發放所有移民簽證 60 天。

6 月 24 日，川普一不做二不休，直接將 4 月 23 的行政命令延長至 2020 年 12 月 31 日。跨過了 DV2020 的簽證發放期限 9 月 30 日。換言之，整個 DV 樂透的面試，從 3 月 18 日就中止。等於將原本的 9 月 30 日的限期提早到了 3 月 18 日。這對全世界參與 DV2020 的中籤者而言，是非常不公平的。（因為其他的親屬移民、工作移民、投資移民等，只是將你取得綠卡的時間向後順延；但 DV 不同，一旦過了當年的 9 月 30 日，就一切歸零。）

後來在 7、8 月間，有幾家美國的律師事務所向川普及美國政府提起訴訟，原因是因為，川普禁發移民簽證的行政命令，基本上是違憲的。後來在 9 月 10 日左右，美國華盛頓特區一位法官判決川普禁發移民簽證的行政命令違憲（但禁止新移民入境美國的行政命令則並未違憲），並下令 KCC 要「盡全力」並「誠懇」的幫助那些已中籤在等待面試的申請人完成作業程序。

筆者就是在這個情況下，被安排在 9 月 28 日至 AIT 面試，並順利取得 DV-IV 的移民簽證。不過目前尚在等待 2020.12.31 日之後，

川普禁止新移民入境的行政命令是否能解除，屆時才能入境並啟動 DV-IV。

國家圖書館出版品預行編目資料

美國移民：綠卡樂透抽籤攻略大全／黃栢容著. --
初版.--臺中市：白象文化，2021.06
面：　公分.
ISBN 978-986-5488-30-7（平裝）
1.移民 2.美國
577.852　　　　　　　　　　110005046

美國移民：綠卡樂透抽籤攻略大全

作　　　者　黃栢容
校　　　對　黃栢容
專案主編　林孟侃
特約設計　白淑麗
出版編印　林榮威、林孟侃、陳逸儒、黃麗穎
設計創意　張禮南、何佳諠
經銷推廣　李莉吟、莊博亞、劉育姍、王堉瑞
經紀企劃　張輝潭、徐錦淳、洪怡欣、黃姿虹
營運管理　林金郎、曾千熏
發 行 人　張輝潭
出版發行　白象文化事業有限公司
　　　　　412台中市大里區科技路1號8樓之2（台中軟體園區）
　　　　　出版專線：（04）2496-5995　　傳真：（04）2496-9901
　　　　　401台中市東區和平街228巷44號（經銷部）
　　　　　購書專線：（04）2220-8589　　傳真：（04）2220-8505
印　　　刷　基盛印刷工場
初版一刷　2021年6月
定　　　價　460元